PAULA HARRACA

O PODER TRANSFORMADOR DO

ESG

COMO ALINHAR LUCRO E PROPÓSITO

Planeta ESTRATÉGIA

Copyright © Paula Harraca, 2022
Copyright © Editora Planeta do Brasil, 2022
Todos os direitos reservados.

Organização de conteúdo: Carolina Candido
Preparação: Valquíria Matiolli
Revisão: Algo Novo Editorial e Caroline Silva
Diagramação: 3Pontos Apoio Editorial
Capa: Filipe Vieira Marcolino (@filipevieirawho)
Ilustrações de miolo: Bia Lombardi

Dados Internacionais de Catalogação na Publicação (CIP)
Angélica Ilacqua CRB-8/7057

Harraca, Paula
  O poder transformador do ESG: como alinhar lucro e propósito/ Paula Harraca. – São Paulo: Planeta do Brasil, 2022.
  208 p.

  ISBN   978-85-422-1934-0

  1. Negócios 2. Sucesso nos negócios I. Título

  22-5145   CDD 650.1

Índice para catálogo sistemático:
1. Negócios

 Ao escolher este livro, você está apoiando o manejo responsável das florestas do mundo

2022
Todos os direitos desta edição reservados à
EDITORA PLANETA DO BRASIL LTDA.
Rua Bela Cintra, 986, 4º andar – Consolação
São Paulo – SP – CEP 01415-002
www.planetadelivros.com.br
faleconosco@editoraplaneta.com.br

Prefácio

Estamos vivendo profundas mudanças, aceleradas, principalmente, pelas revoluções tecnológicas, que afetam desde como nos comunicamos e trabalhamos até como consumimos produtos e serviços. Compreender os impactos causados por essas mudanças é fundamental para refletirmos: qual é o nosso papel como líderes, educadores e pensadores na construção de organizações mais prósperas e sustentáveis? Como podemos promover transformações organizacionais que viabilizem a construção de uma sociedade melhor?

Do ponto de vista dos clientes e consumidores, é notável o aumento no nível de consciência e no poder de escolha ao optar por comprar de empresas éticas e preocupadas com as pessoas e com o meio ambiente. Ao mesmo tempo, o capital tem sido importante propulsor dessas transformações: cada vez mais, os investidores incorporam o ESG na escolha de seus negócios. É um processo muito desafiador e certamente sem volta, que para resultar em algo positivo é preciso saber lidar com um mundo polarizado, em que os debates se precarizam cada vez mais e os novos líderes precisam abolir a tirania do OU para estabelecer a prática colaborativa do E.

Paula, executiva e atleta, com mais de duas décadas de experiência na promoção de transformações genuínas e na quebra de paradigmas em uma indústria de base, conhece na prática a profundidade desses desafios. Nesta obra, com o olhar de eterna aprendiz, ela une visão de construção de futuro, pensamento estratégico e metodologia a uma abordagem humanizada que permitem estruturar caminhos para que as empresas se tornem "*future-ready*", protagonistas dos seus futuros e do futuro do mundo.

Se "ser uma empresa melhor para o mundo" é o nome do jogo, *ambidestria organizacional* é a chave para que as lideranças saibam conciliar a responsabilidade de gerenciar suas equipes e entregar os resultados do dia a dia ao ato de tomar as ações necessárias para construir futuros melhores hoje.

Este livro oferece uma perspectiva profunda das transformações emergentes na sociedade e nas relações humanas dentro do universo organizacional, propondo uma abordagem holística no modelo dos "7 Cs da competitividade consciente" para que as organizações possam lidar com os desafios contemporâneos, globais e locais, integrando lucro e propósito de maneira clara, simples e efetiva. Traz, também, uma reflexão necessária e imperativa para aqueles que se propõem a construir pontes entre o hoje e o amanhã, em vez de escolherem o conforto de serem meros expectadores.

Elevar o nível dos negócios nunca foi tão necessário, pois não apenas promove a vitória de uma organização, mas também influencia o ecossistema para que ele se torne mais competitivo, colaborativo e inovador, integrando o essencial e vital propósito econômico (gerar emprego, renda e lucro) ao bem-estar humano, à felicidade, ao respeito, à justiça e à inclusão.

Um futuro melhor depende de nós e de como o construímos hoje, agora. O convite está feito: começa comigo e continua conosco. Ótima leitura!

Bernardo Rocha de Rezende ("Bernardinho")

Acompanho a carreira da Paula Harraca na ArcelorMittal desde o início, profissional que tem uma trajetória destacada e que cotidianamente faz diferença na vida das pessoas. Trabalhamos juntos na Argentina, na Europa e no Brasil, experiências que possibilitaram a ela obter uma visão estratégica e sistêmica do negócio, além de um olhar aprofundado sobre os valores, processos, projetos e diversas culturas de uma organização multinacional e multicultural, presente em mais de sessenta países.

Paula cresceu muito profissionalmente, sempre focada em gestão de pessoas e inovação. Inteligente, comprometida e perspicaz, liderou a criação do Açolab, primeiro hub de inovação aberta do setor do aço no mundo, localizado no Brasil.

Desde 2021, Paula está à frente da Diretoria de Estratégia, Inovação e Transformação do Negócio, a qual chamamos de Diretoria do Futuro, o que vai ao encontro de seu perfil disruptivo e humanista: olhar para a frente, transformar, gerar impacto positivo e humanizar os negócios.

Ela se lança em jornadas de aprendizado constante, buscando sempre a melhor versão de si e inspirando as pessoas a buscarem a melhor versão de si mesmas.

Com certeza Paula contribuiu e continuará contribuindo para que a ArcelorMittal no Brasil ocupe posição de benchmarking em muitos assuntos globais do Grupo ArcelorMittal. E também para uma visão ampliada de mundo, em que as pessoas e instituições alcancem lugar de destaque em um futuro promissor.

Jefferson De Paula
Chairman do Instituto Aço Brasil, presidente ArcelorMittal Brasil e CEO Aços Longos e Mineração LATAM

Sumário

Prefácio 3

Introdução – Por que preciso me antenar às transformações 9
   Tecnologias digitais × colaboração humana 9
   O papel dos relacionamentos 11
   Paula Harraca, de goleira a atleta corporativa 14

1. Era exponencial, sociedade 5.0 e mundo BANI 23
   A era exponencial e a indústria 4.0 24
   A sociedade 5.0 26
      A antifragilidade 29
      Mundo VUCA 31
      Mundo BANI 33
      A originalidade como força motriz 36

2. People centricity: pessoas no centro da estratégia .. 41
   Pessoas no centro 42
      Primeiro C: causa 44
      Segundo C: colaborador 46
      Terceiro C: cliente 49
      Quarto C: capital 51
      Quinto C: comunidade 52
   Humanizando as relações 54

3. **Estratégia competitiva: competindo pelo futuro .. 57**
   A visão de uma empresa estratégica 59
   A estratégia a partir do cliente 61
   A estratégia das três caixas 63
   Elementos-chave da criação de estratégia 65
   A vantagem competitiva sustentável 66
   Os olhares sobre o mercado 68

4. **O que significa, de fato, ESG? 73**
   O que se entende por ESG? 75
   Qual a origem do termo ESG? 78
   Qual o propósito do ESG? 78
   Como fazer o ESG virar realidade? 84

5. **ESG e diversidade, equidade e inclusão 91**
   Vivemos em um mundo desigual 93
   Diversidade gera novas ideias 95
   Quem são esses grupos? 98
   Precisamos quebrar estereótipos e paradigmas 100
   Desmistificando o conceito de meritocracia 105

6. **Os 7 Cs para a competitividade consciente 109**
   Primeiro C: causa 112
   Segundo C: cultura organizacional 114
   Terceiro C: colaboradores 117
   Quarto C: clientes 120
   Quinto C: capital 124
   Sexto C: comunidade 125
   Sétimo C: competitividade estratégica 126

7. **Os 7 Ps para uma plataforma integrada de ESG . 129**
   Primeiro P: propósito 130
   Segundo P: princípios 132

Terceiro P: protagonismo e paixão 134
Quarto P: proposta de valor 138
Quinto P: profitability 140
Sexto P: programas 141
Sétimo P: performance 142

8. **A inovação aberta como alavancador de negócios sustentáveis** 145

    Mindset de inovação 147
    O que é a inovação aberta? 148
        Inovação aberta e agilidade 151
        DNA da inovação 153
        Expandindo os limites 156

9. **Cultura organizacional como vantagem competitiva** 159

    O que é cultura organizacional? 161
    Por que gerenciar a cultura organizacional? 164
    Como transformar a cultura organizacional? 167
    Como definir a estratégia cultural? 172

10. **A liderança como catalisadora da inovação e o ESG** 175

    O papel do líder 176
    A importância da coragem na liderança 179
        O líder catalisador 182
        Como exercer a liderança catalisadora da inovação 185

11. **Humanizando a gestão: a liderança future-ready** . 191

    Como será o futuro? 197

Referências adicionais 205

Agradecimentos 206

INTRODUÇÃO

Por que preciso me antenar às transformações

> Em uma sociedade tão diversa, já passou da hora de somarmos as diferenças e construirmos ambientes mais autênticos, plurais e colaborativos.

Vivemos em um mundo de transformações constantes e cada vez mais aceleradas. Mal saímos da Quarta Revolução Industrial, que nos trouxe novas técnicas de produção e a criação de sistemas inteligentes protagonizados pela tecnologia, e já mergulhamos em uma nova revolução, desta vez com um viés diferente e que, mais uma vez, reverbera no mundo dos negócios e na forma como estabelecemos relações.

Tecnologias digitais × colaboração humana

As tecnologias digitais, fruto da Quarta Revolução Industrial, iniciaram um processo histórico que está longe de acabar e, ainda que tenham destaque na transformação, não devem ser erroneamente colocadas no centro desse movimento. Elas foram responsáveis pelo início de um novo momento na história da humanidade, ganhando destaque pela forma como aceleraram os processos de transformação e nos fizeram repensar nossos modos de comunicação.

É um erro, entretanto, acreditar que as tecnologias digitais continuam a merecer o lugar de destaque que já ocuparam antigamente. O que está no centro da nova revolução são as pessoas. E, quanto antes entendermos a importância da humanização dos negócios, mais eficiente será a liderança que exerceremos. Apesar de todos os avanços tecnológicos, as relações sociais e organizacionais continuam a ser feitas por seres humanos, e essa é uma característica essencial e intrínseca do sucesso de uma empresa.

Em uma era marcada pela hiperconectividade e pela presença maciça da tecnologia no nosso dia a dia, não é difícil de entender por que temos a tendência de acreditar que as grandes transformações são lideradas pelos avanços tecnológicos, minimizando a importância dos seres humanos e o impacto das nossas ações para tais mudanças.

Seres humanos e máquinas têm habilidades essencialmente diferentes. As máquinas são boas em executar determinadas tarefas com maior precisão e velocidade, mas é na sensibilidade do ser humano que os negócios devem se alicerçar. Temos qualidades que não podem ser copiadas por máquinas, como empatia, intuição, ética, imaginação e criatividade, as quais, inclusive, são as responsáveis pela criação de novas tecnologias. Devemos nos lembrar sempre de que a tecnologia é também uma invenção humana.

É bem verdade que, durante muito tempo, ela ocupou lugar central no mundo dos negócios, sobretudo devido às constantes evoluções e aos processos de aquisição pelos quais as empresas passaram a fim de se tornarem cada vez mais automáticas. Ao mesmo tempo que isso representava uma evolução para as organizações, era também um problema, visto que as relações começaram a se tornar excessivamente mecânicas e centradas no fazer, não no ser.

O papel dos relacionamentos

Uma boa relação, seja ela empresarial, seja pessoal, ocorre quando temos como foco a experiência e a conexão que estabelecemos com outras pessoas, afinal sempre nos lembramos de como as pessoas nos fizeram sentir. Assim, uma organização que apresenta uma liderança consciente é aquela que sabe dar importância para o papel que as pessoas desempenham – sejam elas clientes, concorrentes, funcionários ou gestores –, mas que também entende que organizações são formadas por pessoas.

E por que, você pode me perguntar, deveríamos nos preocupar com essas transformações e com a forma como elas afetam os negócios e as relações humanas? A resposta é simples: qualquer pessoa, independentemente de quão consciente esteja a respeito de tais variações, é impactada por elas. Essas não são mudanças das quais podemos optar por não participar. Se estamos inseridos no mundo, invariavelmente seremos afetados por elas.

É necessário prestar atenção à forma como os relacionamentos têm se modificado, porque isso interfere em tudo o que fazemos, estejamos nós no papel de clientes ou no de trabalhadores, em uma empresa. Essas transformações regem a forma como nossos relacionamentos irão acontecer no mundo todo.

Se pensarmos, por exemplo, nas variações que ocorrem em uma moeda, fica mais fácil compreender. Ainda que você passe o dia inteiro sem pensar no aumento ou na queda do dólar, isso terá impacto na sua vida. Os preços podem aumentar ou diminuir, levando à escassez de determinados produtos. Um dono de café local pode ficar sem açúcar caso o preço se eleve, por mais que não pense na flutuação da moeda.

Com isso, entendemos que há certos assuntos que, ainda que não nos agradem, precisam ser estudados e não podem ser ignorados. Não podemos deixar de entender a respeito deles quando temos a consciência de que afetam nossa vida e nossa empresa.

Uma organização não pode mais apenas produzir; ela precisa existir, funcionar de modo eficiente e fazer as pessoas se identificarem com ela. Pudemos sentir um "gostinho" desse impacto durante o período em que o mundo foi afetado pela pandemia de covid-19, responsável por levar a humanidade e as economias mundiais à UTI e servir como pano de fundo para profundas mudanças nas mais diversas indústrias e organizações. A pandemia afetou a forma como as pessoas se relacionam, trabalham, consomem bens e serviços e fazem negócios e, em contrapartida, demonstrou ainda mais a importância de as empresas levarem em consideração todos esses aspectos.

Essas características são vitais para que negócios sejam realizados com sucesso tanto do ponto de vista econômico – ou seja, pela geração de lucros – como do ponto de vista ambiental, contribuindo para um mundo melhor.

Muitas dessas transformações, entretanto, não são novidade, tendo sido a pandemia apenas um catalisador para que elas ocorressem em escala mundial. Elas são fruto da materialização de uma série de megatendências que já estavam latentes, mas que se deram com mais rapidez devido à necessidade de adaptação a esse novo contexto.

Entre essas mudanças, podemos citar a adoção do trabalho remoto em organizações privadas e públicas de diferentes setores e países, ou então a venda on-line de praticamente todos os bens que no passado eram exclusividade do mundo físico. Como em qualquer processo, há paradigmas que entram em declínio e outros que começam a emergir.

Muitos dos paradigmas que emergiram durante a pandemia não vão ser modificados. É, entretanto, ingenuidade acreditar que ela foi a única responsável por essas transformações, pois, como mencionamos, o mundo já estava mudando. Estamos permanentemente suscetíveis a mudanças e, quanto antes as entendermos, melhor será para os nossos negócios. Devemos estar atentos ao que está ocorrendo no mundo para fazermos as alterações necessárias em nossas empresas.

Aprendemos que ignorar as mudanças não impede que elas aconteçam. Vimos que o que está em declínio é um reflexo da caducidade de uma lógica ou padrão de comportamento que vem perdendo força e se tornando irrelevante perante o atual contexto evolutivo. Ele demanda uma compreensão do porquê da perda de relevância, assim como um exercício de desapego daquilo que precisa morrer para abrir espaço ao novo.

Os novos princípios que passam a permear as relações organizacionais e sociais são centrados nas pessoas, na busca de modelos que viabilizem novas formas de crescimento sustentável da humanidade e dos negócios. Cada vez mais é preciso dimensionar os impactos a partir de uma perspectiva holística e integrada, para assim poder promover e liderar as transformações necessárias.

A humanidade deve caminhar como um time, jogando no coletivo. Temos que pensar em conjunto. E, para que você possa entender a importância desse posicionamento e a relevância do que falo, vou compartilhar uma pequena história.

Paula Harraca, de goleira a atleta corporativa

Nascida na cidade de Rosário, na Argentina, fui, durante a minha adolescência e começo da vida adulta, jogadora de um esporte muito popular em meu país: hóquei de grama. Comecei a jogar ainda na escola, assumindo a posição de goleira devido à minha altura e ao fato de que ninguém mais parecia querer jogar naquele posto tão infame, sempre à espera de que a bola viesse em sua direção a uma velocidade impressionante.

Há uma característica muito peculiar e hostil intrínseca à missão de jogar no gol que só fui perceber alguns anos atrás, quando já havia começado a trabalhar na área de gestão de pessoas: quando fazemos nosso papel direitinho e evitamos os gols, não somos devidamente notados. Quando não há gols, o marcador fica no zero e o foco das análises é o desempenho do outro time, para entender por que não conseguiu marcar. Quem está no gol passa despercebido.

Quando, entretanto, erramos e levamos um gol, o mundo inteiro nos percebe. Isso quer dizer que jogar no gol nos impossibilita de ter uma grande margem de erro.

Claro que os erros existem, mas, uma vez que eu levava um gol como goleira, tinha que treinar aquela mesma jogada exaustivamente para evitar que outro, no mesmo estilo, acontecesse novamente. Foi assim que, treinando de forma intensa e consistente, me destaquei e comecei a crescer no esporte, chegando à seleção nacional júnior.

Mais de quarenta luxações e duas cirurgias depois, percebi que era chegada a hora de dizer adeus ao esporte e trilhar por outros caminhos. Ainda que eu tenha deixado o hóquei para ir atrás de outros sonhos, o senso de coletividade que adquiri no esporte nunca me abandonou, sendo a força motriz para minhas ações no mundo empresarial.

Pude compreender que cada ação tomada dentro do time era importante para o coletivo. Ao me voluntariar para uma posição na qual ninguém queria jogar, possibilitei que meu time ficasse completo. Quando nos esforçávamos para continuar jogando apesar do cansaço, pensávamos no coletivo. E cada pessoa que compunha aquela equipe fazia com que ela funcionasse como deveria. De nada adiantaria termos os melhores e mais tecnológicos equipamentos se não agíssemos em grupo em prol de um objetivo comum.

Com o tempo, percebi que mesmo esportes individuais, como o tênis, necessitavam de um coletivo. Do treinador ao público espectador, dos juízes ao responsável pela limpeza da quadra, todos formam uma equipe. E até mesmo o adversário é importante, pois sem ele não haveria jogo.

Por meio dos esportes coletivos, podemos aprender a importância da competitividade consciente, centrada nas pessoas.

Não tardou para que eu percebesse os pontos que o esporte e o mundo empresarial têm em comum. As organizações também precisam do senso de ousadia gerado por um movimento em grupo, por um coletivo que se propõe a ir além, a conquistar recordes e superar limites. Gosto de dizer que sou uma atleta corporativa – ou até mesmo, pensando de forma mais ampla, uma atleta da humanidade.

Enxergo a humanidade como um grande time que, diferentemente das máquinas, veio ao mundo "sem manual de instruções" ou identificação prévia do lugar de potência de cada um. Ao longo da vida, trabalhamos para descobrir nossa identidade e nosso propósito, quem somos enquanto indivíduos e enquanto parte de um grupo.

O mesmo ocorre com organizações, que têm identidade própria e devem buscar sempre entender quem são e o que representam, qual visão desejam transmitir para seus clientes e funcionários e quais causas pretendem defender. Ninguém faz nada sozinho: precisamos do grupo.

As organizações transformam o mundo, mas elas são transformadas por pessoas. O lugar de potência de quem se propõe a ser mais do que gestor e se tornar líder é muito grande. E, para ser um bom gestor, antes é preciso ouvir os colaboradores e fazer com que eles estejam conectados com os propósitos e valores da empresa. Negócios são feitos por pessoas.

Diante desse cenário e em meio a tantas transformações, uma coisa é fato: já não é mais suficiente se propor a desenvolver negócios com sustentabilidade. É preciso desenvolver negócios sustentáveis. A sustentabilidade não deve ser um meio ou um fim, mas parte de todo o processo, de forma intrínseca. Se você quer gerar lucros e construir uma empresa melhor para o mundo, precisa entender o lugar de potência que o ESG deve ocupar em sua organização.

Seu poder transformador emerge quando ele se torna característica essencial e inerente ao negócio, e não somente um acessório para compensar os impactos gerados. E é exatamente isso que pretendo compartilhar neste livro.

Lideranças conscientes já perceberam essa diferença e começaram a embarcar numa mudança de paradigma substancial. Ao entender que a perenidade do negócio depende de tornar essas organizações melhores para o mundo, potencializam a melhor versão delas mesmas e daqueles que fazem parte do seu ecossistema e visam maximizar a geração de valor sustentável para seus stakeholders. Buscamos, assim, possíveis caminhos que nos permitam responder à seguinte inquietação: "como transformar uma organização na melhor empresa para o mundo?".

A proposta deste livro é inspirar e apoiar lideranças conscientes e comprometidas com o desenvolvimento de negócios sustentáveis, mediante a gestão de empresas que se proponham a ser não apenas "a melhor *do* mercado ou *do* mundo", mas também "melhores *para* o mercado e *para* o mundo".

O livro abordará de forma prática e humana as principais transformações emergentes dos negócios, oferecendo caminhos concretos para as lideranças que queiram iniciar, fortalecer sua jornada ESG ou transformar suas organizações em melhores empresas para o mundo.

Se antes tínhamos empresas centradas no lucro devido à necessidade de fazer dinheiro para reerguer a economia num mundo marcado por guerras e dificuldade de comunicação, hoje temos, sobretudo, a hiperconectividade e o enorme fluxo de informações como agentes de transformação. Somos mais conectados e, por termos mais fontes de referência para formarmos opiniões, nos tornamos consumidores mais críticos.

Em 2003, ingressei no Grupo ArcelorMittal, período no qual vivenciei muitos aprendizados que me possibilitaram um crescimento pessoal e profissional maior do que eu poderia imaginar. Quando ingressei na empresa, não sabia ao certo o que ia encontrar, mas tinha em mente quais eram meus objetivos. Queria aprender coisas novas, vivenciar experiências internacionais e ser responsável pela área de pessoas.

Eu sabia que ingressar em uma empresa como a ArcelorMittal me possibilitaria conhecer um novo mundo. Mas, quando olho para trás, vejo o quanto aquela menina esportista se fez presente na minha trajetória. "Vesti a camisa" e agi como uma boa atleta corporativa, encarando muitos desafios.

Por meio da minha atuação na empresa, pude vivenciar a riqueza e a complexidade do mundo, analisando a diversidade cultural e o impacto que as pessoas tinham em uma corporação não somente no Brasil, mas em seis países da América e da Europa. Liderei diversas equipes formadas por pessoas de todos os tipos, sempre buscando não somente gerir, mas também aprender, porque o aprendizado é uma constante.

Costumo dizer que sou uma eterna aprendiz. Acredito que devemos sempre ir além de nossos cargos e buscar aprender com todos. Todo mundo tem algo para aprender e para ensinar, e esse é um dos principais vetores da transformação humana que devemos promover.

Ao buscar aprender, eu me identificava cada vez mais com a posição que assumi na empresa e com as atividades que desenvolvia, me tornando apta a promover transformações e humanizar negócios por onde passasse. A minha intenção tem sido – e é até hoje – colocar sempre as pessoas no centro. Não, as pessoas não são meio para mim. Como se diz no ambiente organizacional, seres humanos não são recursos.

Devo muito do que sou hoje às pessoas que passaram pela minha vida, seja no âmbito pessoal, seja no profissional. Tive o privilégio de ter alguns grandes mentores e professores que foram responsáveis por me tirar da zona de conforto e garantir que eu aprendesse tanto pelo amor como pela dor.

Vivi experiências e fui crescendo e me desenvolvendo graças às pessoas, estando com elas, sendo com elas. Dificilmente estamos prontos para novos desafios, mas, ao mantermos nossos valores centrados e focarmos o nosso propósito, podemos alcançar mais.

De certo modo, acho que isso se aplica também à forma como devemos lidar com o mundo. Temos que estar abertos a sermos aprendizes e nunca acharmos que já sabemos tudo, pois, se assim agirmos, paramos de fazer perguntas. Não há espaço para o novo na mente de quem acha que já sabe tudo. Também temos que estar abertos a entrar em contato com novas culturas e entender como essas transformações acontecem em outros lugares, porque essa é uma experiência engrandecedora.

E, por fim, temos que compreender que em qualquer organização o cerne está nas pessoas. São elas que se transformam e, ao se transformarem, transformam as organizações, que, ao se transformarem, transformam o mundo.

Esse é o centro da nova revolução que estamos vivendo, porque finalmente estamos começando a entender a importância do nosso posicionamento, da forma como agimos e pensamos e do que consumimos. Voltamos a nos questionar e, por meio dessas indagações, podemos entender que certos conceitos se baseiam em convenções sociais que simplesmente foram aceitas.

Não podemos mudar o que não questionamos. O momento nos demanda um resgate da essência da humanidade, de normalizarmos que cada ser humano possa ser quem é e se expressar como quiser, desde que respeite o limite do outro. E esse princípio também se aplica a organizações, uma vez que são conjuntos de indivíduos.

Grande parte das transformações que vivemos ocorreu a fim de mudar o que as pessoas acreditavam estar errado. Por um propósito. A liderança com propósito é uma forma de combate à volatilidade, trazendo senso de direção, permanência e união. A habilidade para alavancar melhores modelos de gestão motiva equipes e traz transparência. O propósito resiste ao tempo e possibilita fluidez. A inovação de produtos e serviços deve seguir esse alinhamento.

E é a partir desse viés que, neste livro, quero mostrar como você pode, tomando por base os 7 Cs da competitividade consciente, construir uma empresa melhor para o mundo.

CAPÍTULO 1

Era exponencial, sociedade 5.0 e mundo BANI

> "O que distingue a originalidade é a rejeição do que é convencional e a investigação sobre a existência de opções melhores."
>
> ADAM GRANT

Em janeiro de 2003, poucos dias antes de fazer uma das entrevistas de emprego mais importantes de minha vida, enviei um e-mail para minha mãe, que morava em outra cidade, em busca de conforto para a ansiedade que eu estava sentindo. A resposta que recebi dela passou a ser um dos cernes da minha vida e da minha conduta profissional: "Seja você mesma, filha. Se assim não for escolhida, esse lugar não é para você".

Em menos de uma frase, minha mãe foi capaz de sintetizar aquilo que acredito ser a essência do crescimento sustentável das organizações: a autenticidade humana. Ao ressaltar a importância de ser eu mesma, minha mãe trouxe mais humanização a um processo robótico de contratação e me fez perceber que as pessoas estão no centro de toda e qualquer organização.

Essa, entretanto, apesar de parecer óbvia, é uma visão nova do mundo, resultado da quebra de paradigmas que estamos vivendo enquanto sociedade, baseada em estudos das constantes mudanças pelas quais passamos e continuaremos a passar ao longo dos próximos anos. Para entender a importância dessas mudanças, é necessário analisar as transformações pelas quais a humanidade atravessou recentemente e que tiveram impacto direto na forma como fazemos negócios.

A era exponencial e a indústria 4.0

Vivemos em um cenário marcado pela procura de novos modelos de negócios. A todo instante, surgem novas formas de atuar no mercado e, ao mesmo tempo, amplia-se o entendimento da necessidade de atuação em conjunto.

A chamada era exponencial, no marco da emergência da indústria 4.0, ou era da revolução tecnológica, apresenta uma revolução significativa e ainda não finalizada nos meios de produção, de comunicação e de consumo. Originalmente apresentado em 2011, esse conceito faz referência à Quarta Revolução Industrial e seus impactos na nossa vida. Ele engloba os constantes avanços da tecnologia, elevando a automação à máxima potência e associando às máquinas a eficiência do fazer.

Tendo a tecnologia como centro da discussão, buscava-se, durante a Quarta Revolução Industrial, preparar instituições, organizações e a sociedade para dominar tais ferramentas e tirar proveito das novidades tecnológicas, a fim de tornar os processos ainda mais rápidos e produtivos. Vencia quem soubesse se adaptar mais rapidamente às máquinas. Os objetivos principais eram: a rapidez, a eficiência e a precisão.

Essas mudanças não ocorrem rapidamente, podendo levar décadas para serem consolidadas e levando a transformações radicais na forma como as relações são estabelecidas na sociedade, já que somos todos afetados por elas. E, como essa era ficou marcada por uma profunda hiperconectividade, nos vimos dependentes da tecnologia. Não ficamos longe de nossos smartphones e somos capazes de compartilhar informações para qualquer lugar do mundo em um piscar de olhos.

Por sua vez, os processos dentro das organizações se tornaram cada vez mais automatizados, o que, se por um lado permite otimizar o controle da produção, de outro abre o dilema sobre a substituição das pessoas pelas máquinas.

Diante desse cenário, a era exponencial parece dotada de superpoderes próprios. Pode-se citar, por exemplo, a Internet das Coisas (IoT), que promove a interconexão entre elementos físicos e virtuais, de forma a possibilitar que dispositivos possam processar dados e até mesmo tomar decisões, potencializando a conectividade.

A manufatura aditiva é outro superpoder relacionado à era exponencial. Esse é o nome dado ao processo de manufatura digital por adição, que chamamos de impressora 3D. Criam-se objetos físicos por meio de modelos digitais, substituindo processos produtivos tradicionais e alterando profundamente a dinâmica das cadeias de suprimentos. São muitos os exemplos de tecnologias digitais que eu poderia citar, como os robôs autônomos, a integração horizontal e vertical de sistemas ou a segurança cibernética. E, mais ainda, poderíamos falar do potencial combinatório dessas tecnologias, que, ao se complementarem, criam experiências únicas de consumo e permitem alavancar a competitividade e a rentabilidade das organizações.

O nosso foco, contudo, é entender que, em meio a essa revolução em andamento, percebeu-se a necessidade de criar um novo modelo que abrigasse também os indivíduos. Na busca de acompanhar a modernização, as pessoas foram momentaneamente deixadas de lado.

Durante muito tempo, acreditou-se que as transformações eram lideradas pela tecnologia. Mas logo se percebeu que as máquinas faziam parte do meio de produção, e, ao colocá-las no centro, era impossível medir os impactos das transformações sobre os comportamentos sociais e de consumo. Afinal, somos nós, pessoas, que consumimos produtos e serviços, não as máquinas.

Novas preocupações passaram a surgir com os efeitos da crescente utilização das tecnologias digitais na humanidade. Estaria esse uso melhorando as condições de vida das pessoas ao redor do mundo e contribuindo para a recuperação e preservação do meio ambiente?

Examinaremos, ainda neste capítulo, como essa mudança ocorreu nos modelos criados para analisar e compreender o nosso mundo. Hoje, a discussão central está conectada à relação entre máquinas e pessoas, o que levou à criação de um novo conceito de organização social e industrial: a sociedade 5.0.

A sociedade 5.0

A criação do conceito de sociedade 5.0, ou sociedade superinteligente, vem como um alívio para aqueles que se sentem sufocados com a velocidade do desenvolvimento da tecnologia. Nela, temos como centro o bem-estar humano. Integramos espaço físico e ciberespaço a fim de possibilitar, ao mesmo tempo, o progresso da economia e a resolução de problemas sociais que afligem a humanidade. Assim, se o cerne da indústria 4.0 eram as fábricas, a sociedade 5.0 posiciona o ser humano no centro da inovação e da transformação tecnológica.

Essa sociedade é tida como inteligente porque busca uma importante distinção que deve ser feita nas nossas relações com as máquinas. Enquanto elas são boas em *fazer*, nós somos bons em *ser*. Todo e qualquer negócio é feito por meio de relações entre pessoas, não entre máquinas.

A partir desse ponto de vista, o propósito da tecnologia deve ser engrandecer a sensação de bem-estar. Essa mudança é impulsionada, sobretudo, pela reavaliação e pelo reposicionamento dos valores que devem reger o mundo dos negócios.

Uma organização que queira ser relevante e escolhida continuamente pelos seus stakeholders deve revisitar suas ambições estratégicas e considerar que, em vez de pretender ser "a melhor empresa *do* mundo" (como impulsiona a dinâmica extremamente competitiva dos mercados), no contexto da crescente demanda por organizações ESG, com consciência coletiva, deve buscar ser melhor *para* o mundo.

Valores como felicidade, respeito, justiça, inclusão e bem-estar passaram a reger as relações organizacionais. Vivemos em um mundo com desequilíbrios sociais expressivos. O Relatório de Riqueza Global mostra que, no ano de 2020, 1% da população mais rica do Brasil concentrava em suas mãos 49,6% da riqueza nacional.[1] Essa discrepância também é percebida em escala mundial, já que uma grande parcela da riqueza está nas mãos de poucos.

A Quarta Revolução Industrial também representou uma superexploração dos recursos naturais disponíveis, que continua a aumentar conforme as indústrias avançam. Logo, a preservação de tais recursos passa a ser prioridade nas novas relações sociais, políticas e organizacionais da sociedade 5.0, a partir do entendimento de que precisamos cuidar bem dos nossos recursos para preservar o planeta.

Passamos por um resgate da nossa própria humanidade, nos conectando com nossos propósitos e priorizando aquilo que nos traz bem-estar. Levamos em consideração nosso impacto na humanidade e favorecemos outros fatores além da produção em massa e da busca por lucro a qualquer custo. Nos posicionamos enquanto aprendizes, ampliando nossas perspectivas a fim de engrandecer nossos propósitos.

Começamos a entender nosso valor enquanto sociedade e a nos tornarmos mais empoderados das escolhas que fazemos. Ao analisar a citação de Adam Grant que abre este capítulo, podemos entender que as transformações começam quando paramos de aceitar aquilo que julgamos errado e quando percebemos que muito do que fazemos obedece a convenções sociais criadas em contextos que não fazem mais sentido, propondo melhorias.

---

[1] CREDIT SUISSE. RESEARCH INSTITUTE. *Global wealth report 2021*. [S. l.], jun. 2021. Disponível em: https://www.credit-suisse.com/about-us/en/reports-research/global-wealth-report.html. Acesso em: 31 maio 2022.

A antifragilidade

Quando falamos de resiliência, que, na física, é o conceito que explica a propriedade de determinados materiais a retornarem ao seu estado original ao serem submetidos a fontes de estresse, não estamos nos referindo a um conceito abrangente o suficiente para determinar a forma como lidamos com as relações em nossa sociedade. Não devemos retornar ao nosso estado inicial quando a força deixa de ser exercida.

Pensando nisso, Nassim Taleb, estatístico e analista de dados líbano-americano, criou o conceito de antifragilidade.[2] De acordo com seu julgamento, não podemos voltar ao nosso estado inicial, uma vez que passamos para um estado de evolução.

Ao atravessar uma crise como ser humano, é necessário aprender e evoluir. Um claro exemplo disso é a pandemia de covid-19, que revolucionou as relações humanas e organizacionais, fazendo com que muitas empresas tivessem que se reinventar. Nem por isso elas devem retornar ao estado pré-pandemia, mas sim aproveitar os aprendizados resultantes dessa época para catalisar suas relações e capitalizar os aprendizados inerentes ao processo de adaptação a esse longo período de mais de dois anos.

A sociedade 5.0 estimula o desenvolvimento da capacidade de sermos frágeis e evoluirmos, dado que a fragilidade é um fator fundamental para trazer elementos de

---

[2] TALEB, Nassim N. *Antifrágil*: coisas que se beneficiam com o caos. Trad. de Renato Marques. Rio de Janeiro: Objetiva, 2020. 616 p.

transformação, de aprendizagem e de evolução para nos tornarmos uma melhor versão de nós mesmos.

Quando eu tinha 22 anos, participei do processo seletivo que me levou a trabalhar na empresa em que hoje estou. Vinda de Rosário, na Argentina, de uma família de classe média trabalhadora, já me mudei de casa quase vinte vezes em quarenta anos de existência. Meu pai tinha espírito empreendedor e acumulava dívidas conforme abria novos negócios. Ia bem, se entusiasmava e logo falia. Isso aconteceu várias vezes. Minha mãe, por sua vez, uma guerreira nata, passou por dificuldades extremas e problemas seríssimos de saúde. Mas, a cada queda, renascia surpreendentemente.

Desde pequena, aprendi com eles a importância de saber perder em uma sociedade que me dizia que o que valia era apenas ganhar. Sempre entendi o valor das pessoas e de aproveitar as oportunidades que a vida me dava. Nunca negligenciei o poder de aprender. De fato, acredito que somos *work in progress*, obras em construção, desconstrução e reconstrução permanente, eternos aprendizes.

A sociedade 5.0 nos convida a pensar além de nossos cargos, afinal o que é um cargo senão a oportunidade de servir a uma causa, a um time, a um conjunto de objetivos; senão cuidar de gente e de recursos em prol de um bem comum? No momento que os exercemos como plataformas de transformação, não focando apenas o imediatismo, passaremos a entender a importância de contribuir para o mundo.

E, quando falamos em imediatismo, é importante passarmos para uma maior compreensão dos modelos de mundo, de como eles podem nos ajudar a interpretar as diferentes dinâmicas da sociedade e de como os diferentes fatos históricos afetam a humanidade.

O mundo é tão complexo que, para interpretá-lo, precisamos de modelos que nos permitam compreender mais amplamente e nos adaptarmos melhor às variáveis macro que de alguma forma regulam e influenciam também as micro, como a maneira por meio da qual obtemos resultados e fazemos negócios.

Se estamos no mundo, somos influenciados por ele. Independentemente da área de atuação, do campo de estudo e da formação, somos regidos pelas constantes transformações em nossa sociedade, características essas que são vetores que nos persuadem sem que percebamos e, por isso, precisamos ter consciência. E, para entendê-las melhor, precisamos falar dos mundos VUCA e BANI.

Mundo VUCA

Esse conceito surgiu nos anos 1990 como forma de tentar interpretar a nova dinâmica de mundo, e foi empregado pelo Colégio de Guerra dos Estados Unidos[3] para explicar o mundo no cenário pós-Guerra Fria. Ao descrever, por esse acrônimo, as transformações sociais, era possível perceber como agir diante de conflitos.

Amplamente moldado pelo período do fim da polarização causada pela Guerra Fria, o cenário era de grande instabilidade – a revolução tecnológica do início da indústria 4.0 gerou mudanças cada vez mais rápidas, com a percepção

---

[3] VOLATILIDADE, INCERTEZA, COMPLEXIDADE E AMBIGUIDADE. *In*: WIKIPÉDIA: a enciclopédia livre. Disponível em: https://pt.wikipedia.org/wiki/Volatilidade,_incerteza,_complexidade_e_ambiguidade#cite_note-1. Acesso em: 31 maio 2022.

de um mundo com muitos imprevistos e incertezas em relação aos propósitos.

O termo VUCA, acrônimo em inglês de *volatile, uncertain, complex* e *ambiguous* (volátil, incerto, complexo e ambíguo), é usado para caracterizar o mercado em constante expansão no início da globalização, cujo modelo buscava entender a velocidade com que as mudanças estavam ocorrendo em escala mundial.

A volatilidade dizia respeito, sobretudo, à agilidade das mudanças, que exigia um constante estudo do consumidor a fim de atender às suas demandas e priorizá-lo em cada etapa do processo, com o cliente passando então a ser a prioridade.

A incerteza, por sua vez, era causada pela volatilidade e tinha como resultado determinado grau de estagnação. Em um mundo que muda a todo instante, como saber qual a estratégia adequada para aplicar na sua empresa? Assim, muitas organizações optavam por minimizar seus riscos para diminuir a influência de fatores externos e internos.

A complexidade acoplava a adição dos citados fatores externos nos rumos de uma organização, com questões socioculturais começando a assumir mais importância, impactando na criação da jornada do cliente e direcionando o mercado internacional e, assim, as empresas.

Por fim, a ambiguidade nada mais é do que a soma de todos esses fatores, que, agindo em conjunto, tornam a interpretação do mundo extremamente complexa, gerando múltiplas compreensões.

Era importante entender esse modelo, pois o mundo VUCA interferia em todas as decisões tomadas por uma empresa. Assim, para sobreviver, era necessário se adaptar às mudanças com a mesma velocidade em que elas ocorriam.

Com o tempo, entretanto, o acrônimo VUCA passou a não abarcar a complexidade do mundo em que vivemos. Ficou limitado para descrever essa nova dinâmica mundial, dando lugar, então, ao mundo BANI.

Mundo BANI

O acrônimo BANI compreende as palavras *brittle* (frágil); *anxious* (ansioso); *nonlinear* (não linear); e *incomprehensible* (incompreensível). Esse conceito, que se tornou conhecido no ano de 2020, descreve melhor o estado emocional e as conexões casuais. Novas características demandam o desenvolvimento de novas habilidades e, com esse modelo, tem-se uma definição mais precisa do atual estado do mundo e das novas perspectivas de ação.

A pandemia tornou o mundo mais fragilizado e aumentou a percepção de como estamos propensos a incidentes de grande impacto na humanidade. Essa fragilidade atinge também o mundo dos negócios, fazendo com que as empresas entendam que também estão sujeitas a riscos, obrigando-as a realizar um processo de autoanálise mais eficiente.

O panorama mundial também nos tornou mais ansiosos. As novas formas de trabalho e de consumo, bem como o surgimento de novos valores associados à nossa fragilidade, aumentaram a sensação de ansiedade e estão fortemente associadas a doenças como a depressão.

A não linearidade está relacionada com o achatamento da ideia de continuidade, que faz com que planos extremamente detalhados e de longo prazo se tornem menos eficazes.

E, por fim, a incompreensibilidade é reflexo do excesso de informações. O mundo agora opera na dinâmica da hiperconectividade, princípio de atuação que rege nossas formas de conexão. Com a crescente quantidade de inovações, aumenta a sobrecarga de informações, dificultando ainda mais a compreensão total.

Para além disso, temos, no mundo BANI, a coexistência de gerações diferentes sendo impactadas, com maior ou menor intensidade, pela hiperconectividade. Minha filha de 5 anos, por exemplo, é mais apta a entender as novas tecnologias do que eu, já que o cérebro dela funciona de maneira diversa, mais imediatista, o que é um dos marcos da nova geração.

Da mesma forma que eu, quando criança, brincava com duas bonecas, fingindo que conversavam, ela joga Roblox, uma multiplataforma de jogos baseados em mundo aberto, usando simultaneamente o meu tablet e o do meu marido para controlar dois avatares que ela mesma criou, que são amigos dela nesse mundo virtual.

Eu brincava no meu quarto; ela brinca no seu, mas dentro de uma casa que ela mesma criou no "metaverso", ou seja, num lugar híbrido, em que virtual e não virtual coexistem.

Em uma era de informações instantâneas, queremos tudo para agora. Nossa capacidade cognitiva tornou-se limitada e incapaz de absorver tudo o que ocorre à nossa volta, e esse cenário também vem mudando a forma de exercer a liderança.

A emergência das novas moedas que regem os negócios em função da tecnologia, como mobilidade, hiperconectividade, transparência e confiança, é um reflexo dessa nova economia, que coloca o ser humano no centro. À medida que a tecnologia se torna melhor em dar conta de executar tarefas e repetições de forma mais eficiente que nós, temos que nos tornar melhores em sermos humanos. Máquinas não descansam e nem por isso são menos precisas na execução de tarefas. Nós, porém, ao contrário delas, somos capazes de pensar e sentir; temos essência, imaginação, intuição, emoção, criatividade e integridade.

Por isso, nosso maior trunfo está em compreendermos o nosso potencial como pessoas e em nos empoderarmos como sociedade. Empresas que demonstram interesse em contribuir para a relevância de temáticas da competitividade consciente e do desenvolvimento de negócios sustentáveis podem se beneficiar disso. Elas terão maior valorização da marca, maior fortalecimento da cultura da empresa, maior proximidade com colaboradores e maior conexão com clientes.

As propostas de valor que uma organização oferece para colaboradores, clientes e sociedade precisam convergir entre si. O ser humano está começando a se empoderar das próprias escolhas e a se tornar mais consciente no papel de consumidor, colaborador e cidadão.

Temos aqui a dicotomia entre o precisar, *need*, e o querer, *want*. Quando a necessidade é satisfeita, a vontade prevalece nas tomadas de decisão. Escolhemos nos mobilizar e fazer um exercício de mudança em prol de algo que queremos atingir, na busca de nos tornarmos melhores. Muitas vezes, a necessidade e a vontade se juntam: a necessidade de mudança e a vontade de ser melhor.

Como colaboradores, quando a própria necessidade de termos um emprego é atendida, começamos a escolher o querer fazer parte de uma organização alinhada com nossos valores e que converse com a nossa vocação. Como clientes, após satisfazermos as necessidades com produtos e serviços, procuramos cada vez mais uma solução para as nossas dores e anseios. E, como cidadãos, não queremos apenas contribuições ou doações de organizações que operam à nossa volta, mas também nos unir a elas para cocriarmos um mundo melhor.

A originalidade como força motriz

Voltando ao sábio conselho que recebi de minha mãe, posso afirmar que a originalidade deve ser a força motriz das formas de estabelecer relações dentro de uma organização. Eu sempre busquei a originalidade em minha forma de ser e me relacionar, assim como nas mais diversas missões de trabalho, seja aos 17 anos, quando vendia bolo e entregava panfletos para fazer um dinheiro extra, seja hoje, na empresa em que trabalho e nas palestras que ministro. O fator constante na minha trajetória foi a forma como escolhi honrar a mim mesma, identificar e respeitar meu lugar de potência e cultivar a minha essência, pois é isso que vai me permitir melhorar dia após dia.

E, quando falamos em sermos nós mesmos, nos referimos não apenas às pessoas enquanto indivíduos, mas também às organizações, que nada mais são do que um conjunto de pessoas. As organizações devem, sim, analisar o concorrente porque uma análise de mercado é importante, mas também precisam dedicar tempo e energia para, além de conhecer e cultivar seu lugar de potencial, respeitar a sua origem e originalidade.

Em uma escala ainda maior, por vezes percebo que uma boa parcela das dores de que padecemos enquanto "time humano" tem a ver com isso: a humanidade está adoecendo porque está perdendo sua essência e identidade. Num esforço de se reconectarem, as pessoas estão começando a fazer o exercício de se identificar conscientemente com empresas que têm valores parecidos com os delas.

A humanidade é diversa, mas pouco plural, pouco inclusiva, pouco dialógica. As organizações regidas pelo mundo VUCA estavam se tornando muito cerebrais e pouco humanas. E não é errado trazer a lógica e a razão para os negócios, mas é uma forma de limitar o potencial empresarial, uma vez que essa abordagem só dá conta de uma parcela da realidade.

Quando a lógica do mundo era predominantemente mecânica, tal dinâmica funcionava bem, mas agora ela também mudou e começou a mostrar que precisamos ser mais orgânicos. Pessoas e organizações são organismos vivos! Nada mais legítimo que revisitarmos a nossa origem, ativarmos o modo *back to basics* na busca de reestabelecer os elementos essenciais da humanidade e trazê-los de forma consciente e presente para o nosso cotidiano.

O convite é para as pessoas trabalharem de modo diferente, trazendo a competitividade consciente e elevando o nível dos negócios para um novo patamar, no qual sejam reestabelecidos princípios básicos perdidos ao longo do tempo, como integridade, respeito, escuta, empatia e colaboração.

As pessoas não querem mais ter a energia drenada ao fazer parte de ambientes tóxicos e fechados, nos quais é preciso se adaptar, se encaixar e seguir o comportamento-padrão estabelecido em alguma convenção social ao longo do tempo, baseada na premissa "manda quem pode, obedece quem tem juízo". Sinceramente, já deu.

As transformações começam quando paramos de tolerar o errado e evoluímos para o certo, definindo-o como o mínimo exigido. No meu dia a dia, tenho escutado algumas pessoas falarem assim: "Nossa, nessa empresa tem respeito, que máximo!". E eu respondo, muito desapontada: "Não, respeito não é o máximo, é o mínimo". Fico me perguntando em que momento da história o mínimo se tornou o máximo e como a gente não percebeu isso... mas não podemos mudar o passado, só o presente, e, inclusive, só nós mesmos. E é nesse processo de ampliação de consciência, de parar de tolerar e de estabelecer novos mínimos que vamos evoluindo como sociedade e como humanos.

Não podemos mais continuar a pagar um preço por sermos quem somos. E isso não significa deixar de fazer negócios, gerar lucros ou aumentar o capital, mas fazê-lo tendo em vista também o bem-estar humano, a sustentabilidade.

Precisamos ressignificar o crescimento organizacional, levando sempre em consideração o fato de que ele também tem um custo emocional e ambiental. Não pode ser mensurado só do ponto de vista quantitativo, mas também qualitativo, que contribui tanto para a geração de valor para o negócio como para o desenvolvimento humano.

Robert F. Kennedy, procurador-geral dos Estados Unidos, fez um discurso emblemático há mais de quarenta anos alertando sobre a limitação do PIB para mensurar o sucesso de uma nação, nos provocando a refletir sobre o que realmente importa dentro do conceito de riqueza e sucesso para um país:

PIB não considera a saúde dos nossos filhos, a qualidade da sua educação ou a alegria das suas brincadeiras. Não mede a beleza da nossa poesia e a solidez dos matrimônios. Não se preocupa em avaliar a qualidade dos debates políticos e a integridade dos nossos representantes. Não considera a nossa coragem, sabedoria e cultura. Nada diz sobre nossa compaixão e dedicação ao nosso país. **Em suma, o PIB mede tudo, menos o que faz a vida valer a pena.**[4]

Nesse mesmo espírito, no ano de 2012, o Butão levou para a Organização das Nações Unidas (ONU) o paradigma da eficiência econômica, que considera o índice bruto da felicidade no país. Essa visão holística considera conceitos como bem-estar psicológico, espiritualidade, satisfação de vida, educação, saúde e cultura, que não são medidos pelo PIB.

Numa nova economia que traz como moedas a mobilidade, a hiperconectividade, a democratização da informação, a transparência e a confiança, as pessoas estão cada vez mais conscientes. E, quando falamos de pessoas, como veremos no capítulo a seguir, não temos em mente apenas os clientes, como ocorreu durante muito tempo no mundo VUCA, mas também um conceito ainda mais abrangente.

Queremos entender o porquê da ambição de negócios de toda empresa que queira se tornar mais "pronta para o futuro", que, para incorporar o imperativo de negócios sustentáveis, precisa perenizar sua proposta de valor e se manter relevante

---

[4] "O PIB mede tudo, menos o que faz a vida valer a pena". *Expresso*, 20 mar. 2015. Disponível em: https://expresso.pt/blogues/bloguet_economia/blogue_econ_aurora_teixeira/o-pib-mede-tudo-menos-o-que-faz-a-vida-valer-a-pena=f916043. Acesso em: 14 jul. 2022.

para seus acionistas, colaboradores e clientes e, também, para a sociedade ao longo do tempo, procurando ser uma empresa que a sociedade queira que efetivamente exista.

Precisamos aprender o poder de colocar as pessoas no centro de forma genuína. É necessário falar sobre people centricity – e é isso que faremos no capítulo a seguir.

CAPÍTULO 2

People centricity: pessoas no centro da estratégia

> "O analfabeto do século XXI não será aquele que não consegue ler e escrever, mas aquele que não consegue aprender, desaprender e reaprender."
>
> ALVIN TOFFLER

Há uma peça de teatro infantil de origem italiana que, no Brasil, recebeu o nome de *Os Saltimbancos*. Esse espetáculo narra a história de quatro animais que se sentem explorados pelos donos e resolvem unir forças para se libertarem. Na música, escrita pelo cantor Chico Buarque[5] para a peça, os animais cantam:

> Todos juntos somos fortes
> Somos flecha e somos arco
> Todos nós no mesmo barco
> Não há nada pra temer.

E essa, talvez, seja a essência mais significativa do conceito por trás do people centricity. Analisemos,

---

[5] DE HOLLANDA, Chico Buarque. *Todos juntos*. [S. l.]: Universal Music Group, 1977. Disponível em: https://www.youtube.com/watch?v=pmvMkM-LGJU. Acesso em: 1º jun. 2022.

então, o que significa esse termo e como ele pode ser aplicado para tornar sua organização melhor para o mundo.

Pessoas no centro

Já falamos no capítulo anterior sobre a importância das pessoas para os negócios. Pode ser que existam abordagens variadas em relação a essa questão, que levem em consideração fatores diversos para entender como colocar as pessoas no centro.

Fazer com que as pessoas se sintam valorizadas em todo o processo é fundamental. Durante muito tempo, o viés de experiências positivas proporcionadas por uma empresa teve como foco somente os clientes. Nessa época, em meados dos anos 1990, as organizações diziam que o cliente era o elo mais importante de sua comunicação.

Hoje, entretanto, as coisas mudaram. Não que o cliente tenha deixado de ser importante, mas se percebeu que o entendimento precisava ser mais amplo e abarcar outras pessoas envolvidas no processo de uma empresa, direta e indiretamente, a começar pelos seus colaboradores e considerando também a sociedade de forma geral.

People centricity é um processo de humanização da gestão dos negócios que entende que as pessoas não são meio nem recurso, mas o centro de qualquer relação.

É significativo, por exemplo, que a área de uma empresa destinada a gerir os funcionários receba o nome de recursos humanos. Contudo, esse termo tem começado a perder espaço e relevância em muitas organizações, porque traz em seu cerne a associação de pessoas como recursos.

Walter Longo, um dos maiores especialistas em comunicação no Brasil, afirma: "O mundo está mudando muito rápido. Precisamos correr para não sair do lugar".[6] A velocidade das mudanças só tende a aumentar, e isso tem impactado a nossa forma de nos comunicar, compartilhar, trabalhar, colaborar, ensinar, aprender, buscar informações, acessar dispositivos e criar conteúdo.

As organizações começaram a entender que, em última instância, muito além do lucro, têm como papel promover bem-estar humano, no sentido mais amplo. Um exemplo disso é a ArcelorMittal, empresa que faz mais do que apenas produzir e vender aço. Ela cria aços inteligentes para as pessoas e o planeta, fornecendo o material que estará presente em pontes, prédios, carros etc., e ajudando, assim, a melhorar a qualidade de vida das pessoas.

Tendo como foco o bem-estar, uma empresa que oferece bebidas colocará avisos que alertem aos seus consumidores se seus produtos são saudáveis. Nesse sentido, as organizações têm oferecido cada vez mais produtos, serviços e soluções para melhorar a vida não só daqueles que lá trabalham, mas também dos que consomem e dos que fazem parte da comunidade no seu entorno.

Como prova disso, as empresas que mais têm capitalizado na bolsa nos últimos tempos são as que mostram, de maneira concreta, como trazer as pessoas para o centro. Mas, antes, precisamos falar dos 5 Cs, começando pela causa.

---

[6] Ouvi o Walter dizer essa frase há um tempo atrás, em uma palestra.

Primeiro C: causa

O people centricity abrangente começa com a causa, o porquê. Por que sua empresa existe e quais contribuições ela tem a oferecer para a sociedade? Uma organização pode abraçar diferentes causas, mas deve ter sempre em mente que, quanto mais direcionado for seu foco em uma causa específica, maior será o impacto que gerará nela.

Para tanto, é importante começar pela causa, porque, dessa forma, faz-se o movimento de afunilamento, indo do macro para o micro.

Nenhuma organização consegue, sozinha, resolver todos os problemas do mundo e abraçar um universo amplo de desafios, mas é possível, sim, contribuir para algumas melhorias de forma tangível e concreta.

No livro *Essencialismo*, de Greg McKeown,[7] há um gráfico simples que demonstra a importância do foco para potencializar o impacto que causamos. Nossos recursos são limitados e, quando nos dispersamos em variadas causas, gastamos mais energia e temos efeitos menores.

A causa é um significado, um elemento crítico em que se podem deduzir os benefícios de viver e trabalhar com um propósito.

Abraçar uma causa nada mais é do que entender determinada dor da sociedade e perceber a melhor forma de contribuir para sua solução. Não é necessário, porém, inventar causas, uma vez que elas já existem. A ONU disponibiliza uma lista com 17 Objetivos de Desenvolvimento

---

[7] MCKEOWN, Greg. *Essencialismo*: a disciplinada busca por menos. Rio de Janeiro: Sextante, 2015. 272 p.

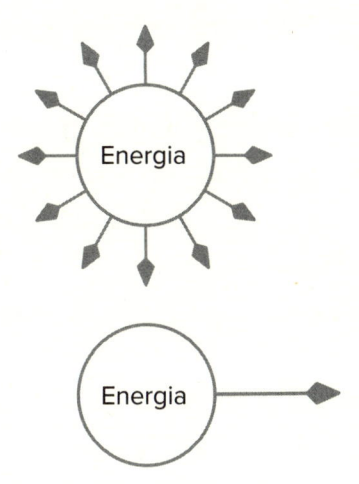

PEOPLE CENTRICITY: PESSOAS NO CENTRO DA ESTRATÉGIA

(diagrama: círculo "Energia" com setas irradiando em todas as direções; abaixo, círculo "Energia" com uma única seta apontando para a direita)

Fonte: livro *Essencialismo*, de Greg McKeown.

Sustentável (ODS),[8] que permite entender como contribuir para as grandes dores da humanidade. São desafios comuns e convergentes, que unem esforços em prol dessa solução.

Dessa forma, busca-se potencializar o ser humano, fazendo com que as pessoas sejam as melhores versões de si mesmas. Nesse sentido, é interessante observar o quanto as pessoas têm buscado se engajar mais nessas causas e se tornado mais conscientes quanto às suas escolhas. De acordo com uma pesquisa realizada em 2021 pelo Global Sustainability Study,[9] mais de 51% dos consumidores estão dispostos a pagar mais por uma solução que venha de uma fonte sustentável e renovável.

---

[8] NAÇÕES UNIDAS BRASIL. *Os objetivos de desenvolvimento sustentável no Brasil*. Brasília, DF, 2022. Disponível em: https://brasil.un.org/pt-br/sdgs. Acesso em: 1º jun. 2022.

[9] KUCHER, Simon *et al*. *Global Sustainability Study 2021*. [S. l.], 2021. Disponível em: https://www.simon-kucher.com/sites/default/files/studies/Simon-Kucher_Global_Sustainability_Study_2021.pdf. Acesso em: 1º jun. 2022.

Pensar na causa de uma organização e no significado que isso terá para as pessoas eleva o nível de construção e gera uma sensação de engajamento mais forte, aumentando a participação e a tomada de responsabilidade, além de potencializar a criação de soluções inovadoras, conectadas com dores reais da sociedade.

Passemos, então, para o segundo C, o colaborador.

Segundo C: colaborador

Para poder materializar a causa numa proposta de valor que tenha foco no cliente, é fundamental contar com um time de colaboradores que esteja motivado, preparado e engajado em entregar soluções, produtos ou serviços que ofereçam a melhor experiência aos clientes. Assim, para entender a relação do colaborador, analisemos a seguinte fórmula matemática:

> $f(x) = \text{pessoas} \times \text{cultura} \times \text{liderança}$

Duas lições de matemática que aprendemos na escola dizem respeito à operação de multiplicação. A primeira delas afirma que a ordem dos fatores não altera o produto, ou seja, a ordem em que colocamos os números em uma multiplicação não altera o valor final.

A segunda, ainda mais importante para a nossa equação, diz respeito ao zero. Quando esse simbólico número aparece em uma conta de adição, não interfere em seu resultado; mas, quando está presente em uma fórmula que, como a nossa, é baseada em multiplicações, imediatamente anula toda a função.

O que isso quer dizer? Pois bem, se um dos elementos da nossa equação não estiver presente, ela inteira será inutilizada. Essa mesma lógica também se aplica a uma empresa, que não funcionará sem colaboradores, cultura organizacional ou liderança eficiente. Enfim, o conceito de colaborador engloba as pessoas que fazem parte da organização, a cultura organizacional e a liderança, que é o grande eixo que consegue levar a instituição para o futuro.

Na cultura organizacional, destaco a importância de ter valores convergentes, em um movimento de encontro, em um jeito coletivo de ser e fazer. Trata-se da cocriação, que leva o mundo para um lugar que destaque as conexões. O prefixo *co*, quando colocado no início de palavras, tem o sentido de companhia, concomitância. Desse modo, a cultura de uma empresa deve promover a cocriação, a coparticipação e a colaboração, elementos cada vez mais necessários para a dinâmica do mundo BANI.

A cultura organizacional é a única fonte de vantagem competitiva de uma organização que jamais pode ser copiada por outra. As demais são replicáveis. Podem copiar seu produto, lançar serviços parecidos com os seus, imitar sua plataforma, se inspirar no seu sistema de atendimento ou na logística de entrega e até contratar algumas pessoas da sua empresa; mas a cultura organizacional (esse jeito coletivo de ser e fazer) é única.

Segundo Carolyn Taylor, grande referência mundial nesse assunto, cultura é "o conjunto de padrões de comportamentos que são encorajados ou permitidos ao longo do tempo. É o resultado das mensagens recebidas sobre como se espera que as pessoas se comportem".[10] E não há neutralidade em relação à criação da cultura organizacional, porque ela existe, independentemente de ser ou não gerenciada pela empresa. Esse tema é tão importante que tem um capítulo dedicado somente a ele.

A liderança é o grande elo entre a estratégia e a prática. Ela consegue materializar e promover que a estratégia da organização seja tangibilizada no lugar de potência que as pessoas trazem para a organização. Um líder é o catalisador da inovação.

Quando está conectado com as estratégias, ele propulsiona as pessoas em sua empresa, de modo que tal propulsão funcione de forma semelhante à de uma cama elástica, que permite que as pessoas pulem alto, mas também sejam acolhidas na queda. Porque vai, e deve, haver queda. Se não houver, é porque não está se ousando o suficiente. Os erros e pequenos fracassos são saudáveis e devem fazer parte do processo para aprimorar o time de colaboradores. Não há espaço para uma liderança que não permita erros.

E, sobretudo, o líder precisa guiar pelo exemplo. Ele precisa fazer. É a sua caminhada que vai apontar o caminho a ser seguido pelas pessoas. Ser líder é ser referência de comportamento por meio de seus atos, em um exercício diário de coerência, consistência e credibilidade. É aprender a sempre aprender, desaprender e reaprender.

As organizações que queiram ser relevantes na construção de um propósito de valor precisam ter espírito de aprendiz. É necessário estimular pessoas que tenham tal

---

[10] TAYLOR, Carolyn. *Walking the talk*: a cultura através do exemplo. Rio de Janeiro: Publit, 2014. p. 5.

mentalidade e estejam sempre dispostas a aprender, munidas de humildade, curiosidade e uma avidez em ampliar a própria consciência. E por quê?

Bem, pessoas com tal perfil costumam ter propósito, protagonismo e paixão. Elas alinham seu propósito pessoal de vida com o da organização e têm uma clara ideia do que querem. Desse modo, quando propósitos individuais e coletivos convergem entre si, surge um lugar de potência único para a organização.

Ao escolher fazer parte de uma organização, os colaboradores buscam relacionamento e querem que seus nomes, sua história de vida e suas vontades sejam relevantes e levados em consideração. A troca vai além de horas de trabalho e salário. O vínculo se torna também emocional, de valores e de princípios.

Quando falo de protagonismo, não necessariamente estou me referindo a se colocar no centro dos holofotes, mas saber assumir responsabilidades, se fazer dono de suas escolhas e ter a habilidade de resposta (responsa-habilidade). Pessoas assim não tendem a terceirizar a responsabilidade e a se perder em reclamações.

E, por paixão, não devemos entender o amor romântico dos livros, mas aquele que comporta também a dor do que fazemos, que nos faz entender que, pelo fato de o propósito ser algo maior, devemos abraçá-lo, estabelecendo o exercício de compromisso, que vai dos colaboradores aos clientes. E, por falar neles, está na hora de nos aprofundarmos em mais um C.

Terceiro C: cliente

Imagine que você seja o dono de uma churrascaria e seu restaurante esteja cheio de clientes. Então, você resolve conduzir um experimento para decidir qual será o ponto de todas as carnes que vai servir dali para a frente. Ao perguntar para seus clientes qual deve ser esse ponto ideal, entretanto, recebe uma série de respostas. Alguns dizem que preferem malpassada; outros, ao ponto; e ainda há aqueles que votam pela bem-passada. Você saberia dizer quem está correto? Qual é o melhor ponto da carne?

Essa é uma pergunta sem resposta única. Cada pessoa, com base em suas experiências e preferências, votou na opção que mais lhe agradava, já que somos diferentes e gostamos de coisas diversas. No caso da churrascaria, o melhor ponto será aquele de que cada cliente gosta, daí a necessidade de perguntar a cada um deles; ou seja, temos que nos comunicar com quem consome nossos produtos ou serviços.

Isso significa buscar conhecimento profundo e entendimento empático sobre quem são os seus clientes. O que você tem a oferecer está alinhado com o que eles precisam e desejam? Tenha em mente que análises cuidadosas e contínuas permitem a perenidade dos vínculos estabelecidos.

Organizações que buscam evoluir precisam começar pela escuta ativa do cliente, sem recorrer a adivinhações. A observação empática e curiosa do cliente é a melhor forma de obter as respostas que uma empresa deseja, já que ele sabe o que quer, ainda que não consiga construir a solução adequada. Observe as dores e o comportamento dele e terá as respostas. A partir disso, você poderá desenhar a experiência do usuário ideal para ele.

Como exemplo, cito o caso de um cabeleireiro que, por estar tendo problemas com clientes que queriam mexer no celular enquanto eram atendidos, achou uma solução inovadora e barata ao colocar um pedaço de plástico transparente nas capas que usava para cobri-los. Assim, além de poderem checar o celular sem ficar se mexendo, ainda não atrapalhariam o trabalho dele.

Ou seja, para atender àquilo que o cliente quer, precisamos apenas observar seu comportamento e/ou ouvir o que ele tem a dizer. E ferramentas digitais podem tornar o acesso ao cliente, e do cliente à solução proposta, mais fácil, além de permitir orientá-lo a entender a sua organização como a solução para isso, aumentando a percepção de valor.

Um detalhe importante a ser observado é a necessidade de diferenciar o cliente do usuário. Não podemos ter foco apenas em quem compra nosso produto; é preciso pensar também no destinatário final, o usuário, que nem sempre é o mesmo que o cliente.

Quarto C: capital

Já que estamos falando de organizações, não podemos deixar o capital de lado, uma vez que os investidores e acionistas são a força motriz para que o negócio saia do papel e cresça de forma consistente.

O que vai conectar a sua organização de maneira mais consolidada com os investidores é o propósito e a forma como ela se relaciona com colaboradores, clientes e comunidade – o quinto C, que veremos mais adiante.

Investidores são as pessoas responsáveis por alavancar os recursos de uma organização do ponto de vista econômico e financeiro, agregando-os à sua proposta de valor. Tendo consciência de que não falta dinheiro no mundo, ainda que ele seja mal distribuído, o que vai atrair acionistas interessados na sua empresa?

A resposta é: proposta de valor diferenciada dos concorrentes e lideranças empreendedoras comprometidas a entregar essa proposta de valor e alinhar as causas da sua empresa com as do mundo, fazendo o exercício da criação conjunta de futuro. Isto é, líderes que ajam, em vez de serem meros espectadores, e se engajem nas causas que consideram importantes. Para atrair investidores, você precisa fazer a transformação acontecer e entregar valor de forma contínua e consistente ao longo do tempo.

E o que é uma proposta de valor? Por exemplo, pode ser a imagem ou reputação de algo. A proposta de valor do empregado, do cliente e da sociedade deve convergir, o que, além de ampliar a necessidade de um pensamento cada vez mais abrangente e estratégico na organização, traz uma nova moeda para esse ambiente de negócios, que é a transparência.

Os acionistas também estão conectados com as mudanças vigentes no mundo e, para investir dinheiro na busca de um retorno sustentável, esperam que a organização faça o mesmo. Assim, a empresa que hoje atende às demandas do futuro se destaca em relação aos concorrentes; e, ao abordar essa ideia, é essencial falarmos do ecossistema em que essa organização está inserida: a comunidade.

Quinto C: comunidade

Independentemente do avanço da tecnologia, as pessoas continuam buscando relacionamentos. Não queremos automatizar a forma como as empresas com quem nos alinhamos nos tratam. A rapidez deve ser a do robô, mas a sensibilidade precisa ser humana, já que é o tratamento humanizado que nos considera enquanto pessoas, não somente números que geram receitas.

Como parte essencial de um ecossistema, as organizações devem se envolver nas questões relevantes para as comunidades onde estão inseridas, visto que acolhem as empresas e convivem com elas, sendo impactadas por suas atividades e podendo cocriar um mundo melhor.

A comunidade que convive com uma empresa por perto não quer contribuições vazias de significado e que imponham ideias como moldes não adaptados para suas necessidades reais. É necessário cocriar uma sociedade e um mundo melhores.

A interação com a comunidade não funciona quando feita de maneira endógena, com a organização olhando somente para si. Assim como acontece na relação com o cliente, é preciso haver escuta ativa e empática, com real interesse em ouvir "o mundo do outro". É um relacionamento colaborativo que não pode ser feito por meio da imposição de sua visão. Partindo do viés da horizontalidade, é possível transversalizar e fazer com que o valor flua não somente de cima para baixo, mas em outras direções.

Quando falamos em comunidade, estamos nos referindo não só à sua cadeia de valor, mas também ao ecossistema de negócios em que essa organização está inserida e no qual precisa se posicionar como agente ativo, exercendo uma influência ampla que tenha em seu leque não somente outras empresas, clientes, fornecedores, parceiros e institutos de ensino, mas a sociedade e as startups, que mais recentemente vieram para dinamizar o ecossistema de inovação e revolucionar os modelos de negócios.

Humanizando as relações

É importante lembrar que, por trás de todas essas relações, temos pessoas. O ponto que une e conecta é a humanização das relações. O que acontece no campo coletivo nada mais é do que a somatória de relacionamentos individuais.

E, como vimos, essa percepção não vem apenas por parte do cliente, como se acreditou por muito tempo. Não é possível oferecer uma experiência diferenciada ao cliente se antes ela não tiver acontecido com os colaboradores. As pessoas que trabalham em uma organização ou que estão inseridas nesse ecossistema também querem sentir que suas causas são tratadas com a mesma importância atribuída aos clientes e que os propósitos da empresa estão de acordo com os seus. Portanto, a experiência do colaborador e da comunidade, na verdade, tem extrema relevância na jornada do cliente, começando pelo foco do colaborador.

Antes de tudo, porém, é importante fazer a distinção entre *no* e *do*. Quando falamos em foco *no*, temos ainda o olhar da empresa sobre alguém. Por outro lado, quando falamos em foco *do*, convidamos o colaborador, o cliente e a comunidade a fazerem parte, realizando um exercício empático de entender a jornada de quem a experimenta e vivencia. O exercício da empatia é essencial e uma qualidade inerentemente humana, que exige troca com humildade. A organização tem que se propor a trazer as pessoas para o centro de forma genuína. É o poder de colocar outras pessoas em primeiro lugar que cria a base para gestar um lugar de potência único e diferenciado.

Isso porque nenhuma pessoa representa somente um C. Flutuamos entre todos eles ao nos relacionarmos com organizações, seja como colaboradores, trabalhando para uma empresa; ou como clientes, consumindo; ou como parte da comunidade.

As redes sociais e a tecnologia aceleraram a troca de informações, tendo papel fundamental para democratizar o acesso a elas. Hoje, um problema que acontece internamente, um caso de assédio, por exemplo, afeta a opção de compra do consumidor, uma vez que ele optará por não consumir de uma empresa que acredita não ser ética. Por sua vez, o cidadão vizinho que vê o colaborador sendo bem tratado na empresa vai querer que ela fique por perto, entendendo que ela gera emprego e bem-estar para aqueles que lá trabalham.

Exemplificando: Letícia consumia, desde pequena, os produtos da marca XZ. Era algo natural para ela, acostumada com os preços e a qualidade. Nos últimos tempos, entretanto, começou a ver reclamações de funcionários da empresa e de pessoas que moram perto da sede. Os primeiros protestavam contra os baixos salários e o tratamento dispensado pelos líderes. Os segundos, pelo fato de que a construção de um estacionamento para os funcionários acabou com uma das poucas áreas de lazer que havia no bairro.

Em uma rápida pesquisa, porém, Letícia descobre a marca YW, que, além de ser do mesmo setor – ainda que ofereça produtos um pouco mais caros –, é ativamente engajada em causas ambientais e parece receber apenas elogios da comunidade e dos colaboradores, que se sentem parte ativa da empresa e relatam que as ideias deles sempre são ouvidas.

Assim, não levará muito tempo até que Letícia, incomodada com a cultura organizacional da primeira empresa, passe a consumir os produtos da segunda. E, além disso, ela passará a prestar ainda mais atenção às atitudes de organizações que fazem parte de sua comunidade e naquela em que trabalha, uma vez que a percepção sobre a cultura organizacional afeta igualmente a de marca e reputação.

Como o ser humano se coloca não só como agente econômico, mas também social e emocional, no exercício de suas escolhas, ele espera, na troca com essa organização, o relacionamento, o valor e a experiência.

Ao entender que o que garante o futuro de uma empresa é que ela se torne uma organização que a sociedade queira que exista, é possível alinhar as estratégias de modo a fazer com que a proposta de valor de uma empresa seja validada interna e externamente de forma contínua e consistente.

CAPÍTULO 3

Estratégia competitiva: competindo pelo futuro

> "A melhor maneira de prever o futuro é criá-lo."
> PETER DRUCKER

Existem dois tipos de gestores. O primeiro é caracterizado por um pensamento mais tradicional. Em seu *modus operandi*, qualquer estratégia é criada tendo como ponto de partida os recursos disponíveis, ou, numa visão econômico-financeira dentro de um horizonte de tempo anual, o orçamento, a partir do qual ele vai verificar as possibilidades e, tendo em vista o escopo da tarefa, criar uma estratégia que caiba nele. Sua primeira pergunta é: Quanto temos? E, na sequência, ele se questionará: O que dá para fazer?

Para esse gestor, os recursos são o item primário na criação de uma estratégia de ação em sua organização. Como ele acredita que pensar além seria "dar um passo maior que a perna", tendo como foco apenas o dinheiro, ele visa se adaptar para gastar o mínimo e obter o máximo. Ao subordinar objetivos aos recursos, que, por definição, são limitados, ele começa condicionando as possibilidades a um campo finito e conhecido.

Esse tipo de gestor é extremamente comum, e ouso dizer que continua a ser valorizado por muitas empresas que têm como foco apenas o capital e os resultados de curto prazo. Mas, ainda bem, um outro tipo de gestor vem ganhando cada vez mais espaço e se tornando responsável pela criação de estratégias organizacionais.

Com seu espírito empreendedor, ele tem como ponto de partida as ambições de negócios e os objetivos como norteadores para a criação da estratégia. Em sua missão, considera e reflete sobre as causas, as comunidades, os clientes, os colaboradores e os acionistas, procurando entender suas expectativas e seus anseios, para, a partir daí, definir os objetivos estratégicos e verificar o que é prioritário e necessário. Ele se faz uma primeira pergunta: O que nós queremos? E, na sequência: O que é necessário ser feito para atingir o resultado almejado?

Estratégico e focado em suas ambições de negócio, ele então vai captar os recursos para tornar a missão possível, não poupando esforços para fazer com que a visão conjunta aconteça. Para ele, os objetivos não são subordinados aos recursos. Justamente o papel da estratégia é alavancar os recursos em prol de atingir os objetivos estratégicos do negócio. C. K. Prahalad, doutor em Administração por Harvard e um dos mais influentes pensadores do mundo dos negócios, destaca, no artigo "A competência-chave da corporação", o papel dos recursos num processo de arquitetura estratégica: "É a consistência da alocação de recursos e o desenvolvimento de uma infraestrutura administrativa apropriada que dá vida a uma arquitetura estratégica e cria uma cultura gerencial, trabalho em equipe, capacidade de mudança e disposição para compartilhar recursos, proteger habilidades proprietárias e pensamento a longo prazo".[11]

A visão de uma empresa estratégica

É disso que uma empresa com visão estratégica necessita. Como sabemos, os recursos são limitados por natureza. Quando falamos em tempo, dinheiro e espaço, temos consciência de que não são ilimitados e, por isso mesmo, não devem ser a base de uma estratégia. Quando partimos de algo limitado, as possibilidades também se restringem.

O pensamento estratégico nos convida, assim, a raciocinar, a ter visão, ambição, objetivos, sonhos e metas. É algo que, em sua amplitude, demanda um direcionamento, o entendimento e a definição de que valor daremos a quem durante a criação da estratégia.

E depois vem a priorização da visão, colocando-a em uma linha do tempo que permita saber a quantidade de esforço que cada iniciativa estratégica demandará, a fim de alcançarmos o sonho e a ambição estratégica que nos move.

Pensando na organização como uma locomotiva, temos a estratégia como o primeiro vagão, que vai direcionar e nortear o trem e todos que estão lá dentro. A estratégia será criada após a determinação das metas e dos objetivos de uma empresa em longo, médio e curto prazos, possibilitando a alocação dos recursos necessários para sua realização e a adoção de cursos de ação necessários.

---

[11] PRAHALAD, C. K. A competência essencial da corporação. *In*: ULRICH, D. (Org.). *Recursos humanos estratégicos*: novas perspectivas para os profissionais de RH. São Paulo: Futura, 2000.

Ela definirá onde a empresa está, aonde quer chegar e como vai alcançar o local desejado. Esse conceito de estratégia, ainda que simples, nada mais é do que o entendimento de que as possibilidades são infinitas. E, dessa forma, a partir dos objetivos delineados, o primeiro posicionamento da estratégia exigirá escolhas. É um movimento que partirá do macro para o micro. Como diria Richard Thaler, "A maioria de nós está muito ocupada, nossas vidas são complicadas e não podemos gastar nosso tempo analisando tudo".[12] É preciso escolher, pois o todo complica.

É preciso entender que, sendo a estratégia a arte de fazer escolhas, existe uma renúncia a cada escolha estratégica. Ninguém pode ser bom em tudo. Mesmo pessoas que dominam habilidades diferentes não têm a capacidade de concentrar em si todas as habilidades e os conhecimentos do mundo, o que também se aplica às empresas. Portanto, escolhas são necessárias e grandes aliadas no processo de direcionar uma organização rumo ao futuro.

É amador, e até mesmo arrogante, acreditar que uma única empresa poderá dominar todos os setores do mercado por conta própria, tornando-se uma potência apenas com seus meios de produção e cuidando de custo, qualidade e logística simultaneamente, além de atender a clientes grandes e pequenos com a mesma eficiência.

Para criar uma estratégia assertiva, é necessário entender o mercado, as megatendências e o contexto social, político,

---

[12] THALER, Richard H. *Un Pequeño Empujón*: El Impulso Que Necesitas Para Tomar Mejores Decisiones Sobre Salud, Dinero y Felicidad/ Nudge: Improving Decisions about Health. El Salvador: Penguin Random House Grupo Editorial, 2018.

tecnológico e regulamentar, assim como analisar os pontos fortes e fracos da sua empresa e dos concorrentes. Além disso, é preciso compreender a percepção de valor do seu cliente e avaliar como se destacar. A definição de estratégia efetiva começa nesse exercício.

A estratégia a partir do cliente

O que deve vir primeiro: a criação do produto ou a necessidade do cliente? Avaliar a resposta para essa pergunta é fundamental para criar uma estratégia bem-sucedida.

Por mais incrível que seja a ideia do seu produto ou serviço, ele não terá sucesso se não atender a uma vontade ou necessidade de seu potencial ou atual cliente. Quando a organização tem êxito em identificar essa necessidade, consegue traduzi-la em uma oferta de produto, serviço ou solução que atenda ao que o cliente precisa; assim, sua percepção de valor em relação à organização se tornará maior, fazendo com que a empresa seja mais valorizada que outras presentes no mercado.

Esse cliente estará disposto a pagar mais caro para ter seu desejo ou necessidade devidamente atendido por aquela oferta. Se você tem um produto, tem um problema. Se você tem um cliente, tem uma solução.

Se não entendermos nosso cliente, não teremos como saber o que vamos oferecer a ele. Simples assim. Mesmo parecendo um conceito tão óbvio, inúmeros negócios morrem por ter desenvolvido soluções que, ainda que parecessem fantásticas aos olhos dos criadores, não despertavam o interesse do mercado.

O conceito-chave a ser entendido é que a oferta que a empresa vai fazer precisa abarcar os requerimentos e as especificações do cliente o que, por sua vez, nasce e surge no entendimento de suas expectativas e na identificação e compreensão de quais são suas necessidades e anseios, mesmo que, por vezes, estes não estejam claros.

É interessante perceber que, cada vez mais, os clientes escolhem ofertas de valor de empresas que se colocam como "solução", e não que ofereçam apenas produtos ou serviços sem entender qual a real dor que está sendo satisfeita com eles.

Certa vez, em um restaurante, percebi que minha filha, recém-nascida na época, estava com febre. Rapidamente fui pesquisar na internet por drogarias que entregassem o remédio de que eu precisava no local em que eu estava. Procurei no Google e encontrei uma a menos de um quilômetro. Então, resolvi ligar e perguntar quanto custaria e em quanto tempo seria feita a entrega desse medicamento. Para minha frustração, me informaram que demoraria mais de duas horas. Apesar de a solução existir, ela não era rápida o suficiente para resolver o meu problema.

Meu marido sugeriu que eu pesquisasse no aplicativo Rappi. Resolvi, então, me cadastrar e verificar o tempo de entrega e o valor do pedido. Desembolsaria o dobro, mas o remédio estaria em minhas mãos em quinze minutos. Eu o comprei imediatamente.

A minha necessidade, naquele momento, era exatamente o produto? Não, era uma solução rápida para a febre da minha filha. A maior rede de drogarias de Minas Gerais não foi capaz de resolver minha dor, mas uma startup que oferece serviços por meio de uma plataforma digital e tem uma proposta de valor clara me ajudou e, por isso, não me importei em pagar mais. Como o próprio lema da empresa diz, a "Rappi nasceu para tornar sua vida mais fácil. Tire o estresse da sua rotina e deixe que a gente leva *tudo* que você precisar".

A chegada da nova economia trouxe consigo startups que têm desafiado os métodos tradicionais de atendimento às necessidades dos clientes, promovendo um encontro mais eficiente entre oferta e demanda.

As plataformas digitais, os aplicativos, os marketplaces, os ecossistemas e outros modelos de negócios, que têm comprovado sua competitividade nos seus respectivos mercados, conseguem resolver dores reais dos clientes de maneira ágil, efetiva e simples, com mais eficiência do que as empresas tradicionais. E não apenas o cliente, como também o mercado só têm a ganhar com isso, uma vez que o nível do jogo dos negócios é elevado a outro patamar.

Os serviços dessas empresas foram criados para acomodar uma realidade e resolver um problema com os quais os clientes se deparavam na concorrência. Suas necessidades não eram devidamente atendidas pelos players tradicionais do mercado.

É por isso que elas podem se permitir cobrar um valor um pouco mais alto, já que o cliente ainda estará disposto a pagar pelo serviço para ter sua dor resolvida. Quando consultamos nossos clientes e baseamos nossa estratégia em algo além de nossa própria opinião, trazemos soluções para dores reais, que, se atendidas de forma distinta e eficiente, fazem com que eles aceitem pagar um valor acima da média de mercado.

A estratégia das três caixas

Uma boa estratégia permite o gerenciamento do presente para a criação do futuro. Esse modelo, apresentado por

Vijay Govindarajan,[13] um dos principais especialistas mundiais em estratégia e inovação, faz a inovação acontecer ao trabalhar em três etapas distintas.

Em primeiro lugar, é necessário gerenciar o presente por meio da melhoria contínua da empresa e da excelência operacional, o que não só gera retorno financeiro como também traz mudanças lineares para a organização.

Em segundo lugar, é preciso ser seletivo em relação ao passado, trazendo apenas os elementos que podem acrescentar algo ao gerenciamento do presente e esquecer aquilo que pode se tornar obsoleto.

Em terceiro lugar, tem-se a criação do futuro. Aqui apresentamos os novos modelos de negócios, que farão com que a empresa seja melhor mais à frente, trazendo hipóteses e tendências que se encaixem em seu dia a dia.

Isso inclui também entender o que as empresas à sua volta estão fazendo. Ao compreendermos, por meio de um mapeamento estratégico de concorrentes e parceiros, quais são os pontos fracos e fortes tanto dessas empresas quanto da nossa, saberemos com quem vamos competir. Assim, nos apropriamos e escolhemos o caminho estratégico e começamos a enxergar o que nosso cliente quer e quais pontos da nossa estratégia precisam ser fortalecidos, alavancados, aprimorados e aprofundados.

Sabendo que o mercado traz a competitividade como um elemento importante, precisamos olhar para o potencial competitivo da empresa em função de sua fonte de valor e das vantagens competitivas e procurar definir uma

---

[13] GOVINDARAJAN, Vijay. *A estratégia das 3 caixas*: um modelo para fazer a inovação acontecer. Rio de Janeiro: Alta Books, 2018. 224 p.

estratégia de negócios integrada que consiga convergir os objetivos da empresa e os dos clientes.

A estratégia sempre se constrói de fora para dentro e, ao mesmo tempo, precisa ter um olhar que vai de dentro para fora. Tendo em vista que nenhuma empresa se sustenta sozinha, trazer ambas as visões representa inúmeras melhorias para a organização. O entendimento vem do mercado para dentro da empresa e, depois, vai da empresa para o mercado enquanto proposta de valor.

Elementos-chave da criação de estratégia

A criação de uma estratégia pode sofrer fortes limitações dentro de uma organização. Uma liderança ineficiente, por exemplo, é incapaz de estruturar as etapas da estratégia e alinhá-las com os diferentes departamentos envolvidos.

Uma empresa que, por exemplo, decide manter apenas os modelos comerciais existentes, seja pela vontade de economizar recursos, seja por não ter ambições de ir além, acaba por se limitar, bem como uma outra que não realiza a escuta ativa, o que permite recolher insights e identificar oportunidades. Isso porque o mercado costuma se movimentar, com seus altos e baixos.

Se o mercado cresce e a empresa permanece igual, a tendência é que o negócio encolha cada vez mais. E, se o mercado estiver maduro ou em processo de deterioração, será ainda mais importante entender como ficará a posição estratégica da empresa nele e pensar em explorar novos mercados que permitam que o negócio cresça ao longo do tempo.

Daí a importância de os elementos-chave do processo de planejamento estratégico estarem bem entendidos e alinhados dentro da empresa. Podemos citar, por exemplo, as vantagens competitivas sustentáveis, ou seja, o benefício percebido pelo mercado e pelo cliente de uma unidade estratégica de valor e de satisfação, da proposta de solução, as quais fazem com que o mercado escolha esse produto de maneira contínua, criando lealdade em relação a essa proposta de valor, ao mesmo tempo que permite que a empresa tenha um retorno maior, com rentabilidade acima da média da indústria. É uma vantagem sustentável que se constrói com base na fidelidade dos clientes, que está conectada com a percepção deles.

A vantagem competitiva sustentável

A vantagem competitiva sustentável permite que as empresas usem os diferenciais em seus produtos, serviços e atendimento como forma de captação e fidelização de clientes. Os consumidores tendem a optar por fazer negócios com empresas que se destaquem em todos os sentidos, e uma empresa de fato sustentável, ambiental e socialmente, apresenta um diferencial ético muito grande.

Suas ações são planejadas de forma a respeitar cada um dos clientes a todo instante, não somente no momento de captação dos novos clientes. O crescimento da empresa é aliado ao respeito pelas causas que ela defende, não apenas no discurso, mas também na prática.

Como segundo elemento, temos o perfil competitivo da empresa, que representa seus fatores e sintetiza sua posição de competitividade.

Existem áreas em que a empresa tem economia de escala em relação ao concorrente. Nesses casos, ela consegue produzir determinado produto ou serviço com custo inferior ao do concorrente. Uma das formas de fazer com que isso ocorra é por meio da produção em escala, por exemplo. Quando você produz mais, o custo fixo por unidade cai e, simultaneamente a essa vantagem de custo, a proposta de valor dessa empresa precisa incluir e atender à percepção do cliente.

Ou seja, o que o cliente percebe como valor e o que consigo produzir mais barato que os concorrentes criam uma posição competitiva, uma vantagem estratégica para a minha organização. Isso é a base para definir estratégias de diferenciação e de crescimento da organização.

A rentabilidade de uma empresa vem da possibilidade de cobrar um preço acima da média em função de uma percepção de valor, já que preço e valor são elementos diferentes.

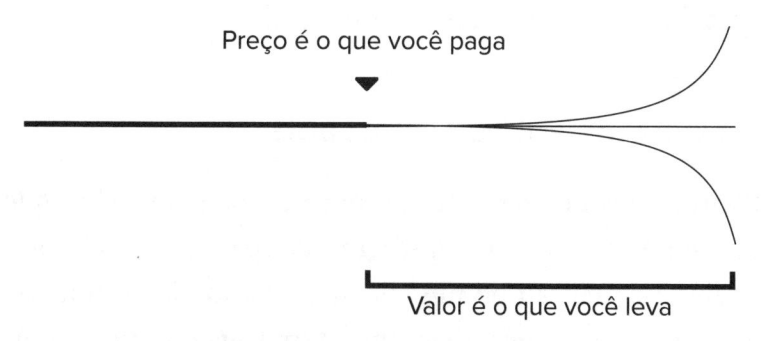

Preço é o que você paga
▼

Valor é o que você leva

Fonte: Instagram @visualizevalue.

Enquanto a percepção de valor estiver na cabeça do cliente, o preço é o número, a cifra que desejo cobrar por meu produto ou serviço. Se entrego algo de grande valor para o cliente, a ponto de que essa percepção de valor seja maior que o preço e o custo interno de produção, tenho uma grande chance de fidelizá-lo, já que, com seu consumo, ele se torna fonte de rentabilidade para minha organização.

Além disso, a rentabilidade de uma empresa depende também da estratégia do concorrente. Se outra empresa do mesmo setor vende um produto semelhante por um preço menor, isso pode se configurar como uma ameaça do ponto de vista da competitividade.

Quando, no entanto, o cliente se identifica mais com a sua empresa, como mencionado nos capítulos anteriores, ele pode estar disposto a pagar mais por seu produto e serviço.

Portanto, a rentabilidade analisa o preço pelo qual consigo vender, meu custo de produzir, o preço que o concorrente coloca com seus custos e a percepção de valor do cliente em relação à minha oferta de valor (produto, serviço ou solução). Assim, para aumentar a rentabilidade, não existe opção a não ser a empresa se distinguir.

Os olhares sobre o mercado

Existem três olhares sobre o mercado que permitem que uma empresa consiga se distinguir entre suas concorrentes, atraindo a atenção de um cliente. A visão global trata de necessidades que englobam um todo. Digamos, por exemplo, que uma pessoa precise de moradia. O primeiro ponto é a visão ampla do mercado, no caso, de habitação.

O segundo olhar, mais focado, procura entender com maior profundidade a solução mais adequada para esse problema. No caso da pessoa citada, buscaríamos compreender de que tipo de apartamento ela precisa, levando em consideração fatores socioeconômicos, momento de vida, composição do grupo familiar, poder aquisitivo, intenção ou não de financiamento, entre outros.

Por fim, temos a participação de mercado, que pode ser entendida como a capacidade objetiva do mercado que estou conseguindo capturar com a minha oferta de valor. Essa medida quantifica a parcela do mercado dominada pela empresa nos segmentos em que ela atua.

Em grande parte das empresas, é um dilema entender como capturar maior participação de mercado, o que está alinhado com a estratégia competitiva e a percepção de valor que ela deseja que seus clientes tenham.

Se eu, como dono ou gestor principal de uma empresa que vende apartamentos, abaixar os valores do meu produto, vou atrair determinados clientes, já que aumentar a participação de mercado dessa forma, comumente chamada de penetração de mercado, faz a rentabilidade de uma empresa cair. Trata-se, pois, de uma estratégia genérica, e não de diferenciação. Qualquer um pode reduzir seu preço, mas essa não é uma forma eficiente de capturar mercado e ao mesmo tempo aumentar a rentabilidade.

São, portanto, caminhos que a organização escolhe genericamente, considerando o conjunto de ofertas do mercado, a fim de se tornar o fornecedor do menor custo. A variável de preço é sempre a dominante na criação da estratégia, como citamos anteriormente neste capítulo, e, em boa parte das ocasiões, o preço vem do mercado, do valor que o cliente está disposto a pagar por esse produto ou serviço.

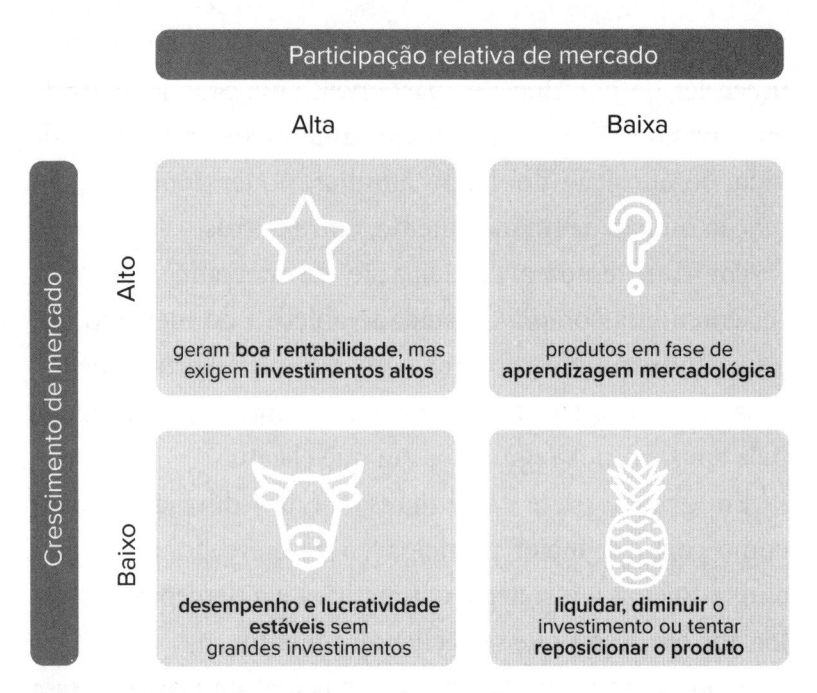

	Participação relativa de mercado	
	Alta	**Baixa**
Crescimento de mercado — Alto	geram **boa rentabilidade**, mas exigem **investimentos altos**	produtos em fase de **aprendizagem mercadológica**
Crescimento de mercado — Baixo	desempenho e lucratividade **estáveis** sem grandes investimentos	**liquidar, diminuir** o investimento ou tentar **reposicionar o produto**

Fonte: MATRIZ BCG: entenda o que é e como fazer em 7 passos! *uMov.me*, 24 set. 2021. Disponível em: https://www.umov.me/matriz-bcg-entenda-sobre/. Acesso em: 16 jul. 2022.

A matriz BCG de segmento e rentabilidade nos convida a olhar, sob um novo prisma, as velhas práticas organizacionais para tentar se manter relevante ao longo do tempo, com uma proposta de valor que seja escolhida pelo mercado e, portanto, seja perene.

Se, em vez disso, a organização decidir enriquecer a proposta de valor dos seus produtos e/ou serviços, ou seja, se destacar em relação aos concorrentes de modo a ser percebida como única, será possível aumentar sua rentabilidade e capturar uma fatia maior da participação de mercado.

A continuidade da empresa tem valor em si, mas competir pelo futuro não significa somente ter essa visão, mas também exerce forte pressão interna para elevar o nível de desempenho.

A organização precisa aprimorar sua proposta de valor e fazer com que ela seja percebida pelos clientes e consumidores. Ela precisa se reinventar e trazer, a cada dia, uma melhor versão de si, se tornar melhor do que ontem e sustentar esse processo de melhoria contínua ao longo do tempo.

E é nesse momento que os líderes e gestores mais efetivos vão se destacar, o que demonstra novamente o poder de uma liderança que, de fato, inspire os colaboradores e consiga alavancar a empresa. O papel de um líder é realmente liderar, o que deve ser feito pelo exemplo. Teremos, assim, um capítulo específico para falar sobre a liderança, fator fundamental em qualquer empresa e responsável pela inovação.

Por meio de sua ação, o líder poderá englobar em sua estratégia os clientes para os quais a empresa se direciona, a comunidade da qual a empresa faz parte, os interesses dos acionistas e investidores, os anseios dos colaboradores e as causas que a empresa defende.

Finalmente, cabe destacar a importância de integrar, dentro do planejamento estratégico da empresa, os drivers que vão sustentar a geração de valor para o negócio. Certamente, entre eles, três elementos-chave vão compor a equação: a cultura organizacional, a abordagem ESG e a inovação.

Trata-se de assuntos crescentemente relevantes porque norteiam os comportamentos, os símbolos e os sistemas que precisarão estar alinhados com o que a estratégia define para o futuro da empresa. Assim, contemplar esses drivers começa pelo exercício de escutar as pessoas. É o people centricity fazendo-se presente em sua estratégia. Falaremos mais sobre esses assuntos nos capítulos a seguir.

CAPÍTULO 4

O que significa, de fato, ESG?

> "Não se trata de ser a melhor empresa do mundo, mas de ser uma empresa melhor para o mundo."
>
> Paula Harraca

Quando adolescente, uma das minhas atividades favoritas era ir à Feira Internacional do Livro, em Buenos Aires, e escolher aqueles que ia comprar e ler durante o ano. Em um mundo que desconhecia a torrente de informações providenciada pela internet e a instantaneidade das compras on-line, um pequeno ritual como esse era aguardado com ansiedade.

Lembro-me de um livro em específico que mudou minha perspectiva infantil em relação ao meu papel no mundo. Chamava-se *50 coisas simples que as crianças podem fazer para salvar a Terra*. Confesso que não me recordo de todas as cinquenta, mas duas delas me marcaram. Uma sugeria abrir uma caixa de leite e fazer buraquinhos nela, pendurando-a na varanda para servir como ninho para pássaros. Essa atitude me fez refletir sobre a vida dos animais e sobre o quanto era importante cuidar deles, uma vez que as cidades e metrópoles foram, ao longo do tempo, invadindo e tomando posse de um hábitat que uma vez foi seu.

A outra recomendava algo simples: jogar o lixo no lugar certo, uma vez que o simples ato de descartá-lo no local designado já é capaz de tornar o mundo um lugar muito mais limpo. Eu tinha 10 anos quando li isso e, desde então, nunca mais joguei papel no chão. De fato, me incomoda quando vejo as pessoas fazendo isso, como se o planeta fosse uma grande lixeira e nós não tivéssemos responsabilidade alguma de mantê-lo limpo e arrumado.

A mensagem passada por aquele livro, embora trivial, é poderosa: o mundo é nossa casa e temos que cuidar dele. E esse entendimento não deve incluir apenas o papel dos governantes e da população, mas também o das empresas.

Anos depois, quando fui morar na Espanha, a proprietária do meu apartamento me ensinou a fazer a coleta seletiva. Sua preocupação, entretanto, não era o planeta, mas sim as duras sanções impostas pelo governo espanhol àqueles que não realizavam a coleta seletiva de forma precisa. Isso nos faz refletir sobre como o pouco que fazemos é pautado em convenções sociais e, a não ser que regulações sejam compulsórias, a inércia parece ser o modo mais comum de lidar com um problema global e inerente a uma sociedade de consumo.

É crescente o número de empresas que têm buscado implantar programas de sustentabilidade nos últimos anos. Esse, entretanto, não é o caminho mais robusto para, de fato, evoluirmos nas grandes dores da humanidade que precisam ser abordadas. Portanto, uma empresa não deve ter sustentabilidade, mas sim ser sustentável.

Particularmente acredito que, no futuro, não existirão mais negócios com sustentabilidade como um capítulo anexo ou auxiliar, mas apenas negócios sustentáveis. Essa simples distinção lexical traz em seu cerne o entendimento de que a sustentabilidade precisa ser uma qualidade intrínseca dos negócios, e não apenas um paliativo aos impactos causados. Isso demanda um entendimento mais abrangente de uma variedade de conceitos que passam por políticas empresariais, propósitos e causas. E é sobre isso que falaremos ao abordar o ESG.

O que se entende por ESG?

O ESG (acrônimo em inglês de *environment, social e governance*) consiste em pautas que agrupam preocupações ambientais, sociais e de governança, estabelecendo pilares para definir a sustentabilidade empresarial. São as bases de uma organização para que sua atuação possa de fato ser sustentável.

Vejamos melhor como cada uma das letras do acrônimo pode ser compreendida.

> **E – PLANETA:** consumo de energia, redução da emissão de carbono e emissões atmosféricas; uso da água, economia circular, biodiversidade, uso da terra, uso de materiais, redução de resíduos.
>
> **S – PESSOAS:** saúde, bem-estar e segurança dos colaboradores, direitos humanos, diversidade e inclusão, stakeholders relations, cidadania corporativa, data privacy, inovação de produtos e serviços sustentáveis, reputação e credibilidade.

> **G – PROPÓSITO E PRINCÍPIOS:** tomada de decisão da liderança, transparência, gestão de risco, diversidade na alta liderança e no board, compliance e competência justa, ética dos negócios, impacto econômico indireto, pagamento e contratação justos.

O interesse pelo termo ESG tem aumentado exponencialmente no mundo. De acordo com um levantamento feito pelo Google Trends,[14] as pesquisas por esse termo cresceram mais de dez vezes nos últimos dois anos. Contudo, ainda que a busca tenha alcançado níveis exponenciais, muitas empresas ainda não entendem a importância de serem sustentáveis ou os caminhos mais assertivos e efetivos para isso.

Ainda que as pautas ESG não sejam realmente novas para o mundo organizacional, a perspectiva de abordagem é diferente. As empresas dentro desse movimento precisam compreender, de maneira mais ampla, o que promovem e quais pautas incentivam.

É comum que a sustentabilidade seja vista como um capítulo à parte dentro das organizações, por meio de iniciativas tomadas para contribuir em determinadas causas isoladas, ou atue em mecanismos compensatórios dos impactos causados.

---

[14] AMCHAM. *ESG: entenda o que é e os resultados que traz para a sua empresa.* [S. l.], 9 ago. 2021 (atual. 28 jul. 2021). Disponível em: https://www.amcham.com.br/noticias/sustentabilidade/esg-entenda-o-que-e-e-os-resultados-que-traz-para-a-sua-empresa. Acesso em: 2 jun. 2022.

Quando falamos em ESG e empresas sustentáveis, entretanto, nos referimos a organizações que são sustentáveis na sua essência, ou seja, que consideram a sustentabilidade um componente intrínseco da configuração de proposta de valor do negócio, que deve ser materializado em diferentes camadas.

Ela deve permear a organização desde a estratégia até a execução, da alta liderança até a operação, e ser vista como uma forma de fazer negócios, não como uma área específica da empresa. A pauta está se reconfigurando e, para que ganhe força e tenha a relevância de que precisa, é necessário que seja parte integrante da concepção da estratégia empresarial.

Quando falamos em ESG, nos referimos a princípios que regem uma série de parâmetros relacionados ao modo de agir, e não é difícil entender o porquê. Uma organização não sobrevive se não considerar o ambiente em que está inserida, as pessoas que nela trabalham e as contribuições que deseja fazer para o mundo. E, com consumidores cada vez mais conscientes de suas escolhas, cada etapa dos processos deve ser permeada por pautas que contribuam para o impacto que a empresa quer causar e a percepção que ela quer deixar nas pessoas e na sociedade.

Agindo dessa forma, a empresa poderá, enquanto opera, gerar empregos, obter lucros e atingir suas metas, ao mesmo tempo que maximiza a contribuição positiva para o mundo, minimiza seus impactos ambientais e promove impactos sociais positivos, pautada na ética, na transparência e na integridade.

Qual a origem do termo ESG?

Em 2004, Kofi Annan, então secretário-geral da ONU, apresentou o Relatório *Who cares wins* [Quem se importa vence],[15] em parceria com grandes bancos e fundos globais, em que conclamava instituições financeiras a incluírem critérios ambientais, sociais e de governança ao analisarem as empresas em que iriam investir.

Uma organização que seja sustentável em sua base terá preocupações com a forma de consumo e de produção de seus produtos, além de fornecer um ambiente de trabalho decente e a possibilidade de crescimento econômico para seus colaboradores. Afinal, aprendemos no capítulo sobre people centricity que um colaborador é, também, parte de uma comunidade e cliente.

Nesse relatório, as empresas são encorajadas a integrar, em suas estratégias, critérios ambientais, sociais e de governança dentro do olhar do mercado de capitais, apresentando os ODS (Objetivos de Desenvolvimento Sustentável) como norteadores das escolhas das ambições estratégicas dos negócios que, de fato, queiram ser sustentáveis em suas propostas de valor.

Qual o propósito do ESG?

Quando falamos em ESG, não estamos pensando em ações isoladas de uma empresa como recurso de marketing para ser conectada à causa da sustentabilidade. Trata-se de uma

---

[15] ESG BRAZIL. Relatório *"Who Cares Wins"*, *The Global Compact*. [S. l.: s. d.], 2020. Disponível em: https://esgbrazil.com.br/materiais/. Acesso em: 2 jun. 2022.

reestruturação organizacional para que a construção de estratégias seja pautada no desenvolvimento sustentável da empresa e do ambiente, trazendo o olhar para as pessoas e para o planeta de forma ativa e viva, dentro do propósito organizacional.

O termo *greenwashing* foi cunhado para designar o uso do discurso pautado na sustentabilidade a fim de maquiar a falta de mudança de condutas em uma organização com relação às questões ambientais, visto que, quando se começaram a discutir as pautas ligadas ao ESG, muitas empresas não compreendiam a importância nem a profundidade dessa reestruturação, com muitas delas, inclusive, se lançando, na velocidade do mercado, a um âmbito discursivo, mas vazio de ações. O compromisso deve ir além disso.

Mudanças levam tempo, e muitas vezes somos avessos, embora sejam necessárias, a transformações que exijam uma revolução nas estruturas. Agora a cobrança vem de todos os lados, não somente do governo. Um exemplo disso é a sociedade, que tem se posicionado e reivindicado que as empresas tenham essas preocupações em seu cerne.

Em 2015, a ONU incluiu em seu discurso os pilares da gestão que ditam como os negócios podem influenciar o mundo e como empresas e organizações são capazes de promover essa transformação.

Em uma carta aberta em que trata do propósito na relação com os stakeholders e da importância de construir empresas sustentáveis, Larry Fink,[16] CEO da BlackRock, afirma:

---

[16] CEO da BlackRock defende aliança entre ESG e capitalismo. *Digital Money Informe*. [S. l.], 18 jan. 2022. Disponível em: https://www.digitalmoneyinforme.com.br/ceo-da-blackrock-defende-alianca-entre-esg-e-capitalismo/. Acesso em: 2 jun. 2022.

Não se trata de política. Não é uma agenda social ou ideológica. Não é justiça social. É o capitalismo, conduzido por relacionamentos mutuamente benéficos entre você e os funcionários, clientes, fornecedores e comunidades dos quais sua empresa depende para prosperar. Esse é o poder do capitalismo.

Sabemos que a busca justa pelo lucro movimenta o mercado, mas ela pode ser feita de modo a contribuir para que sua empresa seja melhor para o mundo. A própria BlackRock é exemplo disso. Uma das maiores gestoras de fundos do mundo, ela atingiu o valor recorde de US$10 trilhões em ativos no fim de dezembro de 2021, um crescimento de 15% em relação ao ano anterior.

Isso significa que empresas seguem tendo bons resultados como prioridade, mas fazem com que seus objetivos sejam atingidos de forma sustentável e responsável. Pensamos e olhamos com mais atenção para o caminho a ser percorrido, e não somente focados no resultado a ser atingido.

Esse conceito exige mudanças no ecossistema de negócios e envolve todos os atores, a começar pelos colaboradores da organização: é importante que eles entendam e se relacionem com esse propósito, pois só assim se tornarão seus defensores mais fiéis e estarão mais propensos a assumir responsabilidades e a tomar decisões mais assertivas e equilibradas em momentos difíceis.

As normas que regulam os sistemas organizacionais com foco na pauta ESG atendem aos diversos padrões de diretrizes que contribuem para a relevância de seus relatórios de sustentabilidade.

A relevância e a urgência dessas pautas demandam que sejam divulgados relatórios que apresentem a análise de cenários do presente e do futuro passíveis de acompanhamento das metas e desenvolvimento de estruturas para a criação de estratégias que tenham o ESG em sua essência, sendo importante estimular a integração da estrutura organizacional com a gestão e o monitoramento dos riscos relacionados às pautas ESG.

Alguns desses relatórios são gerados automaticamente por entidades que verificam os relatórios de gestão de empresas de capital aberto na bolsa de valores, classificando-as também de acordo com sua contribuição para o desenvolvimento das pautas de ESG. Isso significa que esses dados já são controlados e fazem parte do processo de decisão de futuros investidores e acionistas que possam vir a contribuir para uma empresa, sendo, então, de extrema relevância.

O propósito de um olhar ESG deve ser alavancar a performance organizacional de forma sustentável. É importante entender que não estamos falando sobre caridade, mas sobre uma mudança com componentes de justiça social e também de performance organizacional sustentável. Essa premissa não só veio para ficar, como também se trata de uma alavanca para o desempenho e para a geração de valor do negócio para todos os seus stakeholders.

Entretanto, o termo ESG sozinho parece não trazer o componente econômico tão fundamental para o desenvolvimento de organizações. Por isso, gosto de abordar o tema por meio do acrônimo EESG (em inglês, *economics, environment, social* e *governance*). A agenda ESG tem de estar conectada com a saúde econômica dos negócios, ambas integradas profundamente, para que de fato possamos promover um desenvolvimento humano e econômico sustentável. Visando simplificar o entendimento, continuaremos nos referindo a ESG, mas sempre desde essa perspectiva EESG, que integra o vital componente econômico.

Considerar o ESG no centro da estratégia organizacional viabiliza o favorecimento da reputação e da imagem da própria organização, decorrente de uma atuação coerente e consistente nesse sentido. Esse é um objetivo legítimo, desde que acompanhado por compromissos, estratégias e ações, se distanciando, assim, de qualquer tipo de percepção superficial (*greenwashing*, nas questões ambientais, ou *socialwashing*, nas questões sociais, por exemplo).

Uma organização que tenha o ESG em sua essência pode, e deve, com efeito, atrelar isso à sua imagem, permitindo que ela se distinga em relação a outras organizações. Isso faz com que essa empresa seja bem-vista por seus colaboradores, pela comunidade e pelos clientes, dentro daquela máxima de que "além de ser, é preciso parecer". No entanto, primeiro vem a essência, depois a aparência. Não dá para sustentar por muito tempo a aparência de algo que não se é. O foco sempre deve ser a essência, já que aparência genuína é consequência.

Assim como citado no Relatório *Who cares wins*, o grande propósito do ESG é contribuir para o desenvolvimento dos 17 ODS definidos pela ONU, em 2015, como os principais componentes de uma agenda mundial para a construção e implementação de políticas que visem guiar a humanidade até 2030.

Os 17 ODS são os grandes direcionadores do ESG estratégico, dentro dos quais as organizações e os governos podem, e devem, assumir publicamente compromissos que se propõem atingir em prol dessas diretrizes. Como diria minha filha Emma, de 8 anos: "Mamãe, falar é fácil, o difícil é fazer". Isso mesmo, o desafio sempre surge na ação.

É importante assumir compromissos, definir objetivos e traçar metas e planos de ação para que a pauta não seja apenas parte de um discurso aspiracional, utópico e teórico que não evidencie uma evolução concreta ao longo do tempo. As ambições estratégicas definem o que se quer atingir para que a sociedade ainda queira que a sua empresa exista no futuro.

Durante minhas palestras, gosto muito de trazer a seguinte provocação: "O que garante que a sua empresa vai estar viva e gerando lucro e valor para todos os stakeholders daqui a dez anos?" Refletir sobre as vantagens competitivas e os drivers de geração de valor que contribuirão para que a proposta de valor se mantenha relevante com o passar do tempo é uma missão contínua da liderança, especialmente em tempos tão dinâmicos e voláteis como os que estamos vivendo.

E, quando falamos em proposta de valor, é importante apontar um fato que muitas empresas parecem ignorar: os colaboradores também fazem parte do público e, ao assumir compromissos com eles, você está se posicionando publicamente. É comum ver escândalos envolvendo empresas que defendem determinado posicionamento com seus colaboradores e, mediante uma impossibilidade qualquer, voltam atrás em seu discurso e na prática.

Um bom líder deve entender a importância de entregar a proposta de valor da empresa e assumir compromissos com seus colaboradores, que são tão relevantes quanto aqueles que são considerados público externo. Aqueles que não acreditam na liderança das empresas das quais fazem parte são mais propensos a registrar denúncias e fazer declarações contra ela, uma vez que conhecem bem os bastidores e toleram cada vez menos as incoerências e inconsistências decorrentes de lideranças que "trabalham só para estar bem na foto".

Agora, é chegada a hora de entender como aplicar essas mudanças na prática.

Como fazer o ESG virar realidade?

Em abril de 2022, o Observatório do Clima destacou os 21 recados fundamentais do novo relatório do IPCC (Intergovernmental Panel on Climate Change). Um deles destaca um fato bastante preocupante: "o gás carbônico já emitido até hoje corresponde a 80% de tudo o que a humanidade pode emitir se quiser ter uma chance de 50% ou mais de estabilizar o aquecimento da Terra em 1,5°C, como preconizado pelo Acordo de Paris".[17]

Sendo assim, esse não é um assunto que compete apenas a governos ou entidades específicas: se estamos todos envolvidos enquanto cidadãos, uma vez que produzimos e consumimos produtos que geram tais emissões, temos que

---

[17] ANGELO, Claudio. 21 Recados Fundamentais do Novo Relatório do IPCC. *Observatório do Clima*, 2019. Disponível em: https://www.oc.eco.br/wp-content/uploads/2022/04/IPCC-WG3-resmo-OC.pdf. Acesso em: 24 ago. 2022.

contribuir para diminuir ou compensar os impactos negativos. E como a sua organização pode fazer isso?

Antes de tudo, é importante identificar o que já existe nela. Como ressaltado, não se trata de uma pauta totalmente nova na somatória dos princípios e pilares que convergem para que uma empresa seja sustentável. Então, devemos fazer com que sistemas, práticas e objetivos já existentes possam trazer novas definições de compromissos, diretrizes, atuações e ambições de negócios cada vez mais sustentáveis.

Para tanto, é necessário criar um lugar de integração entre essas missões e iniciativas, que, quando já existentes, geralmente ocorrem de maneira isolada. Por meio de um mapeamento, é possível verificar com quais pautas ESG a empresa já contribui de maior ou menor forma e estabelecer uma comunicação interna e externa, a fim de alavancar o engajamento de todo o time organizacional, promovendo esse olhar e convidando a se engajar nessa atuação.

Parte da integração de pautas ESG com uma empresa está relacionada com a internalização de fatores externos. Uma organização deve saber quais são os problemas que afligem a comunidade que a cerca e tomar como sua a missão de contribuir para sua melhoria ou resolução, visto que a comunidade é parte essencial de sua atuação.

Por exemplo, a pobreza na região ligada a certa operação industrial é tanto um problema como um desafio porque, nesse contexto socioeconômico, não estão sendo desenvolvidas pessoas capacitadas a contribuir, seja como força de trabalho, seja como força de consumo. Então, faz parte do papel da empresa analisar o que existe para além de seus muros, extrapolando barreiras e trazendo, para dentro da organização, problemáticas que tradicionalmente seriam vistas como responsabilidade única do poder público. É a busca pela compreensão de como os agentes econômicos privados podem contribuir para a evolução dessas pautas e a solução desses problemas.

Do ponto de vista tático, isso pode ser feito de diversas maneiras, mas a proposta que estrutura uma plataforma de ESG, de acordo com o modelo dos 7 Cs que será abordado no Capítulo 6 e que faz com que essa pauta permeie a organização do aspiracional até a prática, se mostra eficiente em tangibilizar tais demandas e propor compromissos que ajudem na construção de uma empresa que será melhor para o mundo e que também favorecerá a vida econômica, social, ambiental e, consequentemente, a perenidade dessa organização.

A Gol Linhas Aéreas, por exemplo, ciente de que seus clientes se preocupam cada vez mais com as emissões de dióxido de carbono (CO_2) na atmosfera, mesmo sem ainda ter um marco regulatório que paute a responsabilidade cidadã em relação ao consumo consciente, recentemente me surpreendeu ao realizar um voo no qual todos os passageiros foram convidados a compensar a pegada de carbono, comunicado reforçado com um e-mail após a viagem em que me era oferecida a opção de neutralizar a minha.

A iniciativa faz parte de uma parceria da empresa com a startup MOSS,[18] uma plataforma global de crédito de

---

[18] JUSTINO, Guilherme. Gol lança iniciativa pioneira no Brasil para que clientes possam compensar emissões de voos. *Um Só Planeta*, [S. l.], 2 jun. 2021, 13h34 [grifo do autor]. Disponível em: https://umsoplaneta.globo.com/energia/noticia/2021/06/02/gol-lanca-iniciativa-pioneira-no-brasil-para-que-clientes-possam-compensar--emissoes-de-voos.ghtml. Acesso em: 2 jun. 2022.

carbono que trabalha com instituições que desejam se tornar carbono neutras.

A compensação será realizada por meio do MCO_2, token global em blockchain criado pela MOSS para neutralizar as emissões de dióxido de carbono (CO_2) a partir do apoio a projetos ambientais certificados com atuação na Amazônia.

Temos, assim, um convite para uma lógica que traz uma nova ótica e promove uma abertura de mente e de espírito. Precisamos pensar com a cabeça de hoje (ou de amanhã!) nos problemas atuais para apresentar soluções concretas e longevas. E, para tal, a comunicação organizacional é um fator essencial, em primeiro lugar devido à importância da compreensão real da agenda ESG dentro da organização e, em segundo, para que o engajamento seja legítimo e chame as pessoas para a ação.

Em Lisboa, capital de Portugal, há locais designados para que os moradores possam levar o lixo a ser reciclado e fazer a separação. Contudo, a fim de aumentar a contribuição deles na pauta da reciclagem, visto que as taxas apresentaram baixas devido à pandemia, a Câmara Municipal de Lisboa disponibilizou kits de reciclagem a todos, possibilitando, de fato, a realização da coleta seletiva doméstica.

O objetivo dessa medida é incentivar os cidadãos a fazer a separação do lixo em casa, dirigindo-se então aos ecopontos designados. O kit conta com três sacos reutilizáveis e recicláveis nas cores atribuídas a cada material (amarelo para plástico e metal, verde para vidro e azul para papel), além de informações sobre como separar corretamente os resíduos e sobre a localização dos ecopontos. Essa simples iniciativa fez com que as taxas de reciclagem na cidade voltassem a aumentar. Ou seja, ela elimina o risco de as pessoas pensarem ou falarem: "Não sei como fazer, não posso, não tenho os meios".

Peter Drucker, considerado o pai da gestão moderna, afirma que "o maior perigo em tempos de turbulência não é a turbulência em si, mas agir com a lógica do passado".[19]

Como novos tempos pedem novas iniciativas, é importante que as organizações que já realizam um bom trabalho na integração de suas estratégias com as pautas ESG comuniquem isso ao público externo, até mesmo para influenciar outras organizações e a sociedade de maneira mais ampla.

A sociedade não consegue adivinhar a existência de propostas de valor não comunicadas. Se há um trabalho real e genuíno sendo feito, ele precisa ser comunicado para servir de inspiração, atraindo assim mais investidores, colaboradores e clientes.

Além disso, essas empresas servem de influência para a criação de novas pautas, o que pode, além de ajudar a criar legislações, colocá-las como referência. E o mais importante: os concorrentes podem se unir por uma causa em comum.

O Instituto Trata Brasil,[20] por exemplo, publica uma gama de estudos referentes ao desafio do acesso ao

---

[19] SARTORI, Jeanfrank T. D. A lógica do passado e o senso comum em tempos de turbulência. *Paran@shop*, [*S. l.*], 5 maio 2020. Disponível em: https://paranashop.com.br/2020/05/a-logica-do-passado-e-o-senso-comum-em-tempos-de-turbulencia. Acesso em: 2 jun. 2022.
[20] TRATA BRASIL, c. 2021. Disponível em: https://tratabrasil.org.br/pt/. Acesso em: 2 jun. 2022.

saneamento básico no país, pauta de grande influência na saúde, no turismo e na economia, além de contar com diversas empresas de grande porte associadas que foram pioneiras ao trazer essa pauta para a sociedade, investindo nos estudos e contribuindo para quebrar a estagnação de um sistema outrora dominado por organizações antigas e ineficientes. Os desafios são imensos, mas eles também oferecem oportunidades de negócios concretas para as empresas que atuam do lado da oferta de soluções para esse setor.

Para integrar as pautas ESG na essência da sua empresa, é importante criar um *roadmap* com iniciativas de curto, médio e longo prazos que contem com diretrizes, objetivos, estratégias e linhas de atuação. Ainda que não haja alguns marcos regulatórios, as empresas devem estar preparadas para que, quando eles forem criados, possam operar nesse novo contexto, aumentando, assim, sua vantagem competitiva e sua capacidade de "sair na frente". Caso um dia seja obrigatório que os consumidores compensem a pegada de carbono das suas viagens, por exemplo, a Gol Linhas Aéreas provavelmente já estará mais pronta para isso.

A verdade é que apenas se preocupar não basta. Precisamos nos ocupar. Esse movimento veio para ficar, e as empresas que não se adaptarem a ele vão ficar para trás na preferência dos clientes, dos colaboradores e dos investidores. Você vai assistir passivamente a essas transformações enquanto elas acontecem ou vai liderá-las e conduzi-las? Porque uma coisa é certa: não é ignorando essas transformações que as impediremos de acontecer.

Lembre-se sempre de que, se o problema é de todos, a solução também deve ser. Precisamos, assim, nos apropriar dessas causas, começando por aquelas que estão mais próximas da gente. Deixarmos o planeta e as pessoas melhores do que encontramos não é filantropia, é o nosso dever.

CAPÍTULO 5

ESG e diversidade, equidade e inclusão

> "Diversidade é convidar para a festa, inclusão é convidar para dançar."
>
> Anônimo

Vivemos em uma sociedade multicultural, mas, infelizmente, durante muito tempo o quadro de funcionários das empresas não refletia essa pluralidade de culturas. O mercado de trabalho era acostumado a contratar determinados tipos de pessoa em detrimento de outras, e as discussões sobre diversidade não faziam parte do dia a dia das empresas. A primazia do homem branco tem sido, até então, um movimento natural e aceito, na medida em que ninguém questiona o porquê dela, tampouco o preço das exclusões em termos de perda de potencial de geração de riqueza não aproveitada e o grande custo social dessa história.

É como um círculo vicioso. Pensemos, por exemplo, nas mulheres. Não somos um grupo minoritário, mas fomos minorizadas e preteridas ao longo do tempo na sociedade e em organizações no que tange às promoções para cargos mais altos. Há um vídeo muito famoso na internet em que um repórter conta uma história para as pessoas nas ruas.[21] Nela, ele diz que um menino e seu pai sofrem um acidente de carro, com este indo a óbito. Quando levado para o hospital, a pessoa mais competente do centro cirúrgico declarou que não poderia operar o menino, pois era seu filho.

Ao serem questionadas como isso seria possível, as pessoas encontram as respostas mais absurdas, acreditando que essa pessoa podia ser a reencarnação do pai, um fantasma, Deus ou um milagre. A resposta não dada é justamente aquela que deveria ser óbvia: a pessoa mais eficiente do centro cirúrgico era a mãe do menino.

Essa simples anedota demonstra a estranheza que causa uma mulher como a pessoa mais competente ou em alguma posição de liderança, o que não deveria acontecer em um país em que elas representam, de acordo com pesquisa do IBGE feita em 2019, 52,2% da população.[22] Mas essa porcentagem pouco reflete a presença feminina em cargos de liderança, já que, de acordo com uma pesquisa realizada pela Grant Thornton em 2022, as mulheres ocupam apenas 38%

---

[21] "PAI E FILHO sofrem acidente" Você sabe a resposta desse enigma? [S. l.: s. d.]. 1 vídeo (2 min). Publicado pelo canal Quebrando o Tabu. Disponível em: https://www.youtube.com/watch?v=vApfs8ATuDk. Acesso em: 2 jun. 2022.

[22] GANDRA, Alana. IBGE: mulheres somavam 52,2% da população no Brasil em 2019. *Agência Brasil*, Rio de Janeiro, 26 ago. 2021, 10h. Disponível em: https://agenciabrasil.ebc.com.br/saude/noticia/2021-08/ibge-mulheres-somavam-522-da-populacao-no-brasil-em--2019#:~:text=As%20mulheres%20correspondiam%2C%20em%202019,Geografia%20e%20Estat%C3%ADstica%20(IBGE). Acesso em: 2 jun. 2022.

dessas posições no Brasil, inclusive evidenciando uma queda de um ponto percentual em relação ao estudo de 2021.[23]

Ações afirmativas são necessárias para trazer o equilíbrio para as empresas, especialmente por se tratar de um grupo maioritário que foi minorizado ao longo da história. Um estudo global da McKinsey & Company com mais de mil empresas, realizado em quinze países, descobriu que as organizações no quartil superior de diversidade de gênero eram mais propensas a superar a lucratividade – 25% mais propensas para equipes executivas com diversidade de gênero e 28% mais propensas para conselhos com diversidade de gênero.[24] Então, por que durante tanto tempo os cargos de diretoria e conselho pareciam ser exclusivos para os homens?

Vivemos em um mundo desigual

Essa desigualdade, entretanto, não é exclusividade do Brasil e também não se aplica somente às mulheres. A falta de representatividade negra, indígena, LGBTQIA+ e de pessoas com deficiência nas organizações demonstra o pensamento retrógrado que, durante muito tempo, foi a norma predominante. Ainda que essas pessoas existam, elas não eram, e infelizmente em algumas realidades ainda não são consideradas aptas a ocupar cargos de direção.

---

[23] MULHERES ESTÃO EM 38% dos cargos de liderança no Brasil, mostra pesquisa. G1, [S. l.], 8 mar. 2022, 17h55. Disponível em: https://g1.globo.com/dia-das-mulheres/noticia/2022/03/08/mulheres-estao-em-38percent-dos-cargos-de-lideranca-no-brasil-mostra-pesquisa.ghtml. Acesso em: 2 jun. 2022.

[24] Why Diversity and Inclusion Matter: Financial Performance. *Catalyst*, 24 jun. 2020. Disponível em: https://www.catalyst.org/research/why-diversity-and-inclusion-matter-financial-performance/. Acesso em: 24 ago. 2022.

Basta lermos notícias de outros lugares do mundo para percebermos o quanto ainda é necessário caminharmos para um mundo mais equitativo. Felizmente, as políticas empresariais que buscam trazer a diversidade e a inclusão para as empresas têm aumentado cada vez mais.

As novas gerações, entretanto, em busca de maior posicionamento em relação ao respeito ao próximo, trazem a questão da diversidade nas empresas como pauta de discussão. Isso representa uma vantagem para as organizações, já que traz também mais pluralidade de ideias, visões e opiniões, aumentando, inclusive, o potencial criativo desde o momento em que os diversos públicos (que são parte do mercado consumidor) conseguem ser mais bem entendidos por pessoas que, de fato, os compõem.

Promover a diversidade e a inclusão nas empresas significa ter, em seu quadro de colaboradores, indivíduos que, em razão de sua classe, religião, etnia, gênero ou deficiência, são marginalizados pela sociedade, sofrendo rejeição e sendo vítimas de preconceito e de intolerância; pessoas essas que tiveram sua jornada de vida repleta de obstáculos. E, se estes não forem removidos, a chance efetiva de esses indivíduos serem incluídos dentro do sistema será baixa.

De acordo com o Relatório Mundial sobre a Deficiência,[25] aproximadamente 15% de todas as pessoas do mundo vivem

---

[25] RELATÓRIO MUNDIAL SOBRE A DEFICIÊNCIA. *World Health Organization, The World Bank*. Tradução de Lexicus Serviços Linguísticos. São Paulo: SEDPcD, 2012. 334 p. Disponível em: https://apps.who.int/iris/bitstream/handle/10665/44575/9788564047020_por.pdf. Acesso em: 2 jun. 2022.

com algum tipo de deficiência, as quais dispõem de poder de compra e de decisão e, ainda que sejam consideradas consumidoras, são negligenciadas como colaboradoras.

Diversidade gera novas ideias

Além do relevante aspecto social, uma cultura de diversidade e inclusão gera inovação e traz novas ideias para a organização. Se todos aqueles presentes em uma sala pensassem de forma parecida, tivessem um modelo mental homogêneo, backgrounds e experiências semelhantes, seria mais difícil trazer novos pontos de vista para as estratégias empresariais. Quando trazemos a diversidade, enriquecemos as perspectivas, os pontos de vista e as possibilidades dentro de uma empresa.

Falamos de diversidade e inclusão porque temos o dever de mudar a realidade da nossa sociedade em todas as suas esferas. Esse dever, além de ser uma questão cívica, não deve ser restrito àqueles que estão no comando. É pauta de todos. Encorajar a diversidade no local de trabalho demonstra a preocupação de uma empresa com princípios de não discriminação, o respeito pelas ideias diferentes e a promoção da inclusão em suas equipes, sem contar a grande importância para a resolução de problemas complexos no ambiente organizacional.

Quando falamos em um grupo de colaboradores diverso, logo nos vem à mente uma empresa com a mesma representatividade refletida por nossa sociedade, a população inserida nessa organização. Afinal, uma empresa é uma amostra da comunidade da qual ela faz parte.

Esse componente de diversidade a torna mais democrática, com resultados benéficos para a organização, a comunidade, os colaboradores, os clientes e, certamente, os acionistas e os investidores.

É essencial nos lembrarmos de que estamos falando de seres humanos e de que todos merecem ser representados. Aderir a essa cultura é urgente não por visibilidade, mas por uma questão de justiça social. Não só porque é o certo a fazer, mas, sobretudo, porque o jeito anterior estava errado. E, é claro, isso traz vantagens para as empresas. Uma média de 80% da geração dos millennials considera que políticas de diversidade e inclusão são importantes ao escolherem a empresa em que vão trabalhar. No ano de 2020, eles já representavam mais de 50% da força de trabalho do mercado.[26]

Refletir proporcionalmente a heterogeneidade da sociedade dentro do âmbito organizacional cria um ambiente mais propício para o surgimento de ideias inovadoras. Falar em diversidade e inclusão também traz um impacto positivo para a competitividade da empresa, porque a felicidade do colaborador e a heterogeneidade aumentam a probabilidade de a empresa atingir seus objetivos. Sim, inúmeros estudos comprovam que a felicidade gera lucro.

Isso significa que, se a sua empresa não tem políticas do tipo, ela terá menos chances de ser considerada ou escolhida por talentos que, cada vez mais, buscam trabalhar

---

[26] TOP 10 reasons you should care about diversity inclusion. *Comcast* [S. l.], 1 nov. 2016. Disponível em: https://corporate.comcast.com/stories/top-10-reasons-you-should-care-about-diversity-inclusion. Acesso em: 24 ago. 2022.

em lugares com os quais se identificam. E, finalmente, cabe destacar um dado surpreendente dessas pesquisas: equipes inclusivas superam as não inclusivas em 80% nas avaliações de desempenho em equipe.[27]

A cultura organizacional de uma empresa que valoriza a diversidade é, em geral, mais receptiva e acolhedora, o que faz com que os colaboradores se sintam mais à vontade para serem quem são, encontrarem seu lugar de potência e se identificarem com a organização como parte integrante dela. Uma empresa que tenha a diversidade e a inclusão dentro da sua estratégia contribui, de fato, para a criação de uma sociedade mais igualitária.

Já dizia Albert Einstein: "É mais fácil desintegrar um átomo do que um preconceito".[28] Apesar de, à primeira vista, parecer uma tarefa complicada, não é impossível. Para isso, é importante estarmos abertos ao aprendizado, buscando fatos, dados e informações, analisando-os para entender e ampliar a nossa consciência, e nos sensibilizando com causas que vão além de nós, exercitando a empatia.

Líderes empresariais devem saber ouvir. Assim como no caso do ESG, as pautas relacionadas à diversidade e à inclusão não são novas e podem ser mais bem entendidas dando-se voz aos colaboradores, aos clientes e à comunidade. É necessário criar um ambiente de abertura e

---

[27] Waiter, is that inclusion in my soup? A new recipe to improve business performance. *Deloitte*, maio 2013. Disponível em: https://www2.deloitte.com/content/dam/Deloitte/au/Documents/human-capital/deloitte-au-hc-diversity-inclusion-soup-0513.pdf. Acesso em: 24 ago. 2022.
[28] FURBINO, Marizete. Pré-conceito! *Administradores.com*, [S. l.], 18 ago. 2009. Disponível em: https://administradores.com.br/artigos/pre--conceito. Acesso em: 3 jun. 2022.

segurança psicológica em que essas pessoas não tenham medo de compartilhar suas opiniões e ideias, de expressar quem elas realmente são. Um ambiente organizacional que acolha as diferenças gera um espaço de trabalho mais fértil para a germinação de novas ideias e possibilidades, e isso só é possível trazendo a diversidade para todas as áreas e níveis da empresa.

Ao trazermos olhares novos para uma organização, fortalecemos as conexões humanas. Esse assunto demanda a nossa atenção em tempo integral. A representatividade é importante porque, à medida que um grupo mais heterogêneo de pessoas ocupa posições de liderança e de influência, ele consegue se tornar mais sensível a causas que, quando restritas a um grupo homogêneo, podem não ser vistas de forma empática e considerando todos os prismas necessários. Diversidade amplia a visão.

Quando trazemos a diversidade para dentro da organização, ampliamos o lugar de fala e criamos equipes capazes de fazer com que propostas e estratégias diferentes possam ser criadas e integradas ao propósito da organização.

Quem são esses grupos?

E, quando nos referimos a grupos, de quem especificamente estamos falando? Embora todas as pessoas sejam diferentes, para compreender as necessidades e características comuns a alguns grupos foi criado o conceito "grupos de afinidade". A diversidade de gênero, por exemplo, diz respeito aos homens e às mulheres cis e transgênero, bem como às pessoas não binárias.

Quando nos referimos a eles, a principal diferença, no caso de mulheres cisgênero, está nos salários, que são menores. No caso de pessoas transgênero e não binárias, tem-se, com frequência, a sua não contratação devido a estigmas e preconceitos retrógrados. A disparidade de gênero é alarmante no Brasil, e cabe às organizações mudarem esse quadro.

Outro grupo se refere à orientação sexual, e aqui temos os integrantes da sigla LGBTQIA+. A identidade de gênero costuma andar de mãos dadas com a orientação sexual. Nesse sentido, é essencial que as empresas promovam a conscientização daqueles indivíduos que para ela trabalham, a fim de capacitá-los sobre vieses inconscientes e orientá-los sobre como identificar e não tolerar preconceitos, "piadas" e qualquer tipo de discriminação. Há pessoas que chegam a uma organização e falam: "Nossa, aqui tem respeito, que máximo!". Não, respeito não é o máximo, respeito é o mínimo.

Em relação à etnia, ainda que esse seja um conceito amplo, as políticas no Brasil são relacionadas, sobretudo, às duas que mais sofrem preconceito: a negra e a indígena. Em um país em que 52% das pessoas são negras, a representatividade dessa parcela da população em cargos de liderança ainda é muito ínfima, enfrentando, assim, dificuldades em se inserir no mercado de trabalho.

Quantas vezes você já viu uma foto de empresa em que todos aqueles no cargo de liderança são brancos? Isso é muito forte e significativo. Não é que não existam pessoas negras e indígenas capacitadas, porque elas existem e são muitas. Mas, para que elas possam assumir esses cargos, é preciso que as empresas as contratem e ofereçam oportunidades de crescimento e desenvolvimento.

Outro grupo expressivo que costuma ser preterido é o das pessoas com deficiência (PcD). Passou da hora de as empresas se adaptarem para receber esses colaboradores, seja pela adaptação específica aos cadeirantes, seja com medidas para contratar colaboradores cegos e surdos, entre outros.

Assim como o ESG deve ser uma abordagem que permeia a criação das estratégias da empresa, dentro do pilar S as políticas de diversidade e inclusão devem ser vistas como parte do combustível que alimenta as ações da organização. Elas não são ferramentas para criar uma imagem positiva, mas sim a forma de a empresa contribuir para ser melhor para o mundo, trazendo para sua cultura interna um ambiente com valorização dos colaboradores e promoção da equidade.

Precisamos quebrar estereótipos e paradigmas

Quando as pessoas não enxergam semelhantes nesses lugares de lideranças, torna-se mais difícil acreditar que é possível chegar lá e mais fácil imitar padrões impostos pela sociedade que culminam no fortalecimento e na ampliação da desigualdade. Locais de trabalho diversificados não só apresentam inúmeros benefícios, mas também são essenciais para alavancar os negócios na criação de soluções cada vez mais inovadoras.

Num vídeo de conscientização elaborado pela Inspiring The Future, chamado Redraw The Balance,[29] ambientado em uma sala de aula infantil, uma professora solicita que os alunos desenhem três profissionais diferentes: alguém que opere corações, alguém que pilote aviões de caça e alguém que trabalhe no corpo de bombeiros. Dos 61 profissionais desenhados por essas crianças, apenas cinco eram mulheres.

Então, a professora solicita que a cirurgiã, a piloto e a bombeira entrem na sala, o que choca as crianças, já que elas acreditavam que as mulheres estivessem fantasiadas. Elas passam então a explicar suas respectivas profissões e a contar o dia a dia delas para as crianças.

Resumindo, meninos e meninas naquela sala aprenderam, desde pequenos, que essas eram profissões que, por serem aparentemente masculinas, não poderiam ser exercidas por mulheres. Por meio da ação da professora, eles puderam entender que esse é um estereótipo de gênero que não corresponde à realidade, o qual, inclusive, segundo os especialistas, é criado desde a tenra idade.[30]

O desconhecimento é responsável pela criação de diversos estereótipos negativos que as políticas de diversidade e inclusão devem ser eficientes em desconstruir. Formamos conceitos pré-fabricados sobre quem deve exercer determinada

---

[29] INSPIRING THE FUTURE - Redraw The Balance. [S. l.: s. d.]. 1 vídeo (2min7s). Publicado pelo canal MullenLowe Group. Disponível em: https://www.youtube.com/watch?v=qv8VZVP5csA. Acesso em: 3 jun. 2022.

[30] Redraw The Balance. *Inspiring The Future*. Disponível em: https://www.inspiringthefuture.org/inspiring-women/redraw-the-balance/. Acesso em: 3 jun. 2022.

função e nos chocamos ao perceber que recorremos, ainda que sem querer, a estereótipos.

Um exemplo disso é da médica do trabalho Daniela Bortman, que, devido a um acidente de carro, ficou tetraplégica aos 23 anos e enfrentou um longo processo de reabilitação. Não desistiu, entretanto, de seu sonho, por mais que insistissem em lhe dizer o contrário. Frases como "Vai procurar alguma coisa para fazer da sua vida porque medicina não dá para você" eram comuns, mas, mesmo assim, ela seguiu em frente.[31]

O famoso cantor porto-riquenho Ricky Martin, por sua vez, ouviu de muitas pessoas, que eram, inclusive, amigas dele e que sofriam com a homofobia, que ele não deveria se assumir como homossexual, pois isso acabaria com sua carreira. Apesar dos conselhos, o cantor assumiu sua sexualidade e hoje é casado com um artista plástico.[32]

Uma vez, em uma reunião, eu estava conversando com uma mulher negra que me contava os detalhes de algumas mudanças que havia feito na empresa. Então, um homem ao meu lado lhe perguntou se o chefe dela havia concordado com essas mudanças, ao que ela prontamente respondeu: "Eu sou a sócia da empresa".

---

[31] RIZZO, Lia. "Tetraplégica, me formei em medicina e realizarei o sonho de casar vestida de noiva". *Marie Claire*, [S. l.], 18 nov. 2019, 6h04 (atual. 18 nov. 2019, 18h55). Disponível em: https://revistamarieclaire.globo.com/Noticias/noticia/2019/11/tetraplegica-me-formei-em-medicina-e-realizarei-o-sonho-de-casar-vestida-de-noiva.html. Acesso em: 24 ago. 2022.

[32] RICKY MARTIN REVELA "tormento" antes de se assumir gay: "Triste, deprimido". *Marie Claire*, [S. l.], 24 jul. 2020, 10h12 (atual. 24 jul. 2020, 10h49). Disponível em: https://revistamarieclaire.globo.com/Comportamento/noticia/2020/07/ricky-martin-revela-tormento-antes-de-se-assumir-gay-triste-deprimido.html. Acesso em: 24 ago. 2022.

Lembro-me de assistir a um vídeo, que, aliás, me marcou profundamente, de uma campanha criada em 2013 pela marca de absorventes íntimos Always.[33] Nela, vemos adolescentes e crianças entrando em uma sala, um de cada vez. O locutor solicita que eles "corram e lutem como uma garota". Os adolescentes (garotos e garotas) imediatamente começam a correr e a lutar de forma caricata, balançando as mãos. Já as crianças (meninos e meninas) correm e lutam como fariam normalmente, com força e entusiasmo.

Quando perguntados do porquê de terem corrido daquela forma, os adolescentes percebem o quanto haviam sido preconceituosos em sua visão estereotipada. Mas por que isso ocorreu apenas com eles e não com as crianças?

Bem, a resposta é simples: porque somos ensinados a ter tais visões. Não nascemos odiando nem tendo preconceito, mas, conforme crescemos, aprendemos a entender o local designado pela sociedade para cada pessoa e passamos a reproduzir essas visões, que, por vezes, prejudicam até a nós mesmos. No vídeo, também vemos meninas adolescentes correndo de forma caricata, apesar de não perceberem que estão reproduzindo uma imagem que as afeta negativamente.

Por isso, temos que ser, enquanto empresa, a imagem que desejamos que a sociedade nos veja. É crucial desmontar esses estereótipos que dizem que líderes devem ter determinada cor, gênero e sexualidade. Para isso, não basta apenas fornecer formação sobre diversidade e inclusão, mas também investir em um quadro de colaboradores que reflita essa heterogeneidade.

---

[33] ALWAYS #LikeAGirl. [S. l.: s. d.]. 1 vídeo (3min18s). Publicado pelo canal Always. Disponível em: https://www.youtube.com/watch?v=XjJQBjWYDTs. Acesso em: 3 jun. 2022.

Também é importante investir em campanhas que promovam a antidiscriminação no ambiente de trabalho e a criação de canais de denúncia para que pessoas vítimas de discriminação ou assédio sintam que estão em um local confortável e seguro para expressar suas dores, sem medo de retaliações.

Ademais, uma empresa diversa também gera mais lucros, porque os investimentos em empresas inclusivas têm sido cada vez maiores, refletindo um desejo da sociedade de ver a representatividade em grandes corporações. A diversidade também atrai melhores profissionais e com maior capacidade de entender a jornada e a experiência do cliente a partir de diferentes pontos de vista. Se seus clientes são diversos, por que sua empresa não deveria ser?

A diversidade da empresa representa pluralidade de produção e ampliação da variedade de experiências, o que, por sua vez, traz maior destaque para a organização e a coloca à frente da concorrência.

Quantas vezes, em uma empresa, um grupo de líderes se reúne em busca de uma nova ideia somente para perceber que pensam parecido demais para ter pontos de vista diferentes? A diversidade, ao trazer mais confronto de opiniões, é extremamente benéfica do ponto de vista da criação de estratégias e desenvolvimento de novas ideias. Opiniões divergentes geram soluções diferentes e mais amplas. Por isso, a diversidade é uma excelente fonte de criatividade e de inovação para as empresas.

É importante ressaltar, entretanto, que diversidade não é a mesma coisa que inclusão, e é por isso mesmo que as políticas devem caminhar juntas. Como dito no começo do capítulo, "diversidade é convidar para a festa, inclusão é convidar para dançar". Isso significa fornecer as ferramentas necessárias para que essa dança ocorra para todos os colaboradores, considerando as necessidades e as características específicas de cada grupo.

Enquanto a diversidade define as pessoas e faz com que elas sejam únicas – seres humanos com sua própria história, orientação sexual, idade, religião, cultura, etnia, gênero ou deficiência – a inclusão consiste nos conjuntos de ações que buscam combater a exclusão das pessoas causada por suas diferenças. Quando incluímos, damos oportunidade de acesso a todas as pessoas, sem exceção, com as características que as tornam um ser único.

Desmistificando o conceito de meritocracia

Fonte: elaborada pela autora.

Apesar dos avanços até aqui, infelizmente ainda vejo que, no atletismo corporativo, a carreira tem duas modalidades: a masculina, que é como uma maratona; e a feminina, que é uma maratona com obstáculos. A ilustração anterior, além de refletir exatamente isso, também representa a forma predominante em que são concebidas a carreira e a competitividade no ambiente organizacional. A regra é simples: "Vence quem cruzar a linha de chegada primeiro".

Recentemente eu mesma me vi passando por uma situação típica enquanto estava trabalhando em home office durante a pandemia. Meu escritório se transformou em um verdadeiro coworking, acolhendo as minhas duas filhas do meu lado, que estavam em *homeschooling*, enquanto a internet não voltava, tendo, nós três, que nos conectar usando a rede móvel do meu celular.

Em casa, sei que posso contar com uma rede de apoio e um supermarido e pai, mas essa não é a realidade de muitos lares. Muitas mulheres acabam, inclusive, assumindo mais responsabilidades e a jornada passa a ser desigual. É importante ressaltar que o papel do homem não é ajudar a mulher, e sim fazer a parte dele. Se conseguirmos evoluir para uma corrida sem obstáculos, em nenhuma das modalidades, com certeza teremos profissionais mais felizes e realizadas, prontas para assumir cada vez mais desafios.

Essa é uma luta diária, mas acredito que um dia alcançaremos a verdadeira equidade de gênero dentro das organizações e, de forma ampla, na sociedade. Segundo estudo do Fórum Econômico Mundial (WEF), com o agravante decorrente da pandemia de covid-19, a igualdade de gênero só será atingida em 135 anos, ou seja, a recente crise sanitária gerou um atraso no tempo necessário para que a equidade entre mulheres e homens seja alcançada equivalente a mais de uma geração.[34]

Mas o que isso tem a ver com as empresas? Não seria responsabilidade dos governos resolver essa questão? O mais recente Barômetro de Confiança Edelman no Brasil[35] mostra

---

[34] COM PANDEMIA de covid-19, igualdade de gênero só será atingida em 135 anos. *Galileu*, [S. l.], 31 mar. 2021, 10h36. Disponível em: https://revistagalileu.globo.com/Sociedade/noticia/2021/03/com-pandemia-de-covid-19-igualdade-de-genero-so-sera-atingida-em-135--anos.html. Acesso em: 3 jun. 2022.

[35] EDELMAN Trust Barometer 2022: o círculo da confiança. *Edelman*, [S. l.], 2019. Disponível em: https://www.edelman.com.br/edelman-trust-barometer-2022. Acesso em: 3 jun. 2022.

as expectativas da sociedade em relação à real capacidade de governos, empresas, mídia e ONGs de solucionar problemas da sociedade. De acordo com o relatório, 63% das pessoas enxergam que as empresas têm maior capacidade de assumir um papel de liderança, sendo a percepção sobre a capacidade delas de obter resultados confirmada por 76% dos entrevistados. Quando se trata de governos, essas porcentagens caem para 35% e 38%, respectivamente.

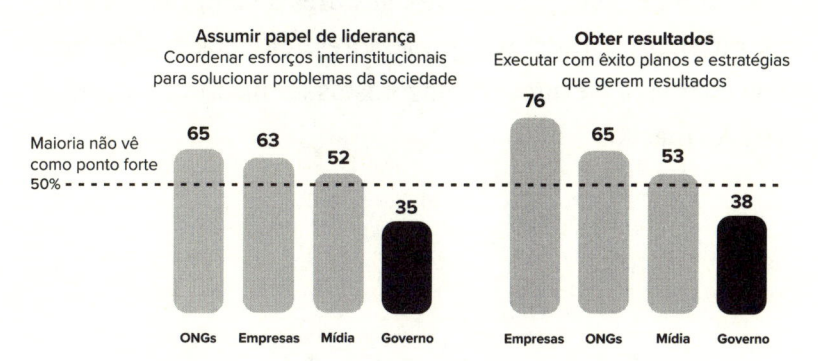

Assumir papel de liderança
Coordenar esforços interinstitucionais para solucionar problemas da sociedade

Maioria não vê como ponto forte 50%

ONGs 65 | Empresas 63 | Mídia 52 | Governo 35

Obter resultados
Executar com êxito planos e estratégias que gerem resultados

Empresas 76 | ONGs 65 | Mídia 53 | Governo 38

Fonte: EDELMAN TRUST BAROMETER 2022.
Relatório nacional Confiança no Brasil – com dados globais.

Segundo dados do Empresômetro do Instituto Brasileiro de Planejamento e Tributação (IBPT), apenas 4,8% das cerca de 5,2 milhões de empresas superam os trinta anos de existência.[36] Estamos falando em 250 mil delas com mais de três décadas de vida, quando comparadas com os governos, que têm mandatos de quatro anos de duração e que, na sua maioria, carecem de visões de longo prazo que considerem

---

[36] JAKITAS, Renato. Empresas alcançam os cem anos desafiando a lógica e o banco de dados do Fisco brasileiro. *O Estado de S.Paulo*, [S. l.], 28 out. 2015, 05h30. Disponível em: https://pme.estadao.com.br/noticias/geral,empresas-alcancam-os-cem-anos-desafiando-a-logica-e-o--banco-de-dados-do-fisco-brasileiro,20000000001. Acesso em:3 jun. 2022.

os desafios, como a diversidade de gênero, que demandará mais de um século a ser resolvido se o andar da jornada continuar da forma atual.

Diante desse cenário, eu lhe pergunto: quem você vai escolher ser? Um espectador dessa longa evolução, que talvez nem consigamos testemunhar, ou alguém que vai atuar em prol da cocriação de um mundo mais plural, mais inclusivo, mais próspero e justo para todas e todos?

O convite, feito para líderes, gestores de empresas, gestores públicos, estudantes, professores, cidadãs e cidadãos, nos chama a sermos protagonistas e promotores dessa transformação.

CAPÍTULO 6

Os 7 Cs para a competitividade consciente

"Quem elegeu a busca não pode recusar a travessia."
Guimarães Rosa

Após abordarmos de forma ampla e profunda o que é ESG e por que ele existe, é necessária uma explicação clara, prática e holística do entendimento dos sete componentes necessários para centrar a estratégia competitiva consciente nas pessoas.

Em um cenário de pouca clareza e consenso sobre os conceitos e, consequentemente, os caminhos emergentes, este capítulo se dedicará a lançar luz sobre esse processo de construção coletiva: aqui será proposta uma estrutura para nortear a definição da estratégia e da narrativa aderentes a cada realidade organizacional. Com base nas minhas vivências, conhecimentos, pensamentos, perspectivas e visões, apresento aqui o modelo dos "7 Cs da competitividade consciente".

Esse modelo também é fruto de conversas e trocas com especialistas de renome. O objetivo é oferecer um eixo condutor, uma espécie de marco de referência para que lideranças de qualquer indústria ou setor possam desenvolver a própria visão, conforme sua realidade específica.

Quando falamos em 7 Cs para a competitividade consciente, abrangemos conceitos que, ainda que mencionados anteriormente no livro, são fundamentais para compartilhar uma visão integrada dos eixos que devem nortear a criação, a definição e a identificação da abordagem estratégica para que a competitividade empresarial seja sustentável e consciente.

Ao abordar esses elementos essenciais de forma integrada, faremos uma espécie de *back to basics* (volta ao básico), que é tão necessária quanto a melhoria contínua. Assim como existe a emergência de novos componentes, há a revalidação, o resgate e o reestabelecimento de alguns drivers fundamentais para os relacionamentos humanos e que são também inerentes ao universo dos negócios, no âmbito organizacional.

Aqui estudaremos a fundo sete direcionadores estratégicos da competitividade consciente, elementos que devem funcionar em conjunto, de maneira interdependente e harmônica, dentro de uma organização.

É importante destacar que, ainda que algumas pessoas possam considerar esse modelo óbvio ou um senso comum, muitas empresas falham em resgatá-lo, entendê-lo e, de fato, gerenciá-lo como a essência de seus negócios, a base do propósito organizacional e da missão empresarial, funcionando para guiar a busca por uma competitividade consciente que aumente a proposta de valor da empresa para seus diferentes stakeholders e, ao mesmo tempo, possibilite que ela possa se tornar uma organização cada vez melhor para o mundo.

É comum ouvirmos falar em capitalismo consciente, e, ainda que esse tema seja muito importante, aborda somente uma das perspectivas que devem ser consideradas quando falamos de organizações: o capital.

A competitividade é um elemento importantíssimo para os negócios porque é justamente a necessidade de que os negócios se tornem eficientes, melhores no seu funcionamento e nas suas propostas de valor para serem apreciados

C
CULTURA ORGANIZACIONAL
Princípios

C
COMPETITIVIDADE
Performance

C
COLABORADORES
Protagonismo e paixão

C
CAUSA
Propósito

C
COMUNIDADE
Programas

C
CLIENTES
Proposta de valor

C
CAPITAL
Profitability

Fonte: elaborada pela autora.

pelo mercado que eleva o "nível do jogo dos negócios", desde que seja uma competitividade consciente. Se assim for, todos ganham: o cliente, os colaboradores, os acionistas e a sociedade. Para tal, os sete elementos-chave que aqui serão citados são fundamentais. Juntos, formam a bússola que guiará a empresa para o futuro que ela deseja, garantindo sua relevância no mercado e na sociedade por mais tempo. Esses direcionadores unem necessidades e expectativas em grupos de aglutinadores de valor.

Primeiro C: causa

A causa é o primeiro passo, sendo um direcionador que vem de fora da empresa para dentro dela (*outside-in*). Partimos desse elemento porque ele é o responsável por guiar todos os outros elementos dos Cs que serão citados a seguir.

É necessário olhar de maneira abrangente para entender, na sociedade em que a organização atua, quais causas devem ser trazidas para o coração de sua estratégia, a fim de avaliá-las de acordo com sua proposta de valor de negócios. Não abordamos causa, nesse sentido, de um ponto de vista filantrópico, mas como elementos que vão, de fato, movimentar o negócio: estratégias, processos, políticas e práticas.

Usemos como exemplo uma empresa do mercado de construção civil que atue no setor habitacional de baixa renda. A causa relacionada com esse setor se conecta com uma dor da sociedade bastante conhecida: a falta de moradia de valor acessível. Como se sabe, o Brasil é um país com um enorme déficit habitacional, e uma empresa nesse mercado deve entender essa dor social.

Isso traz dois elementos compositivos dessa causa – o impacto e o significado –, que, juntos, oferecerão caminhos para a organização identificar e definir por que ela faz o que faz. A causa é externa e inerente à sociedade em que essa organização está inserida, sendo um grande mobilizador das estratégias empresariais e, por muitas vezes, subestimada, lembrando que não se trata de caridade nem branding.

Existem atualmente no mercado consultorias especializadas que trabalham especificamente com a causa, ajudando o negócio a identificar onde deve atuar, de acordo com a área do mercado em que está inserido e o impacto que deseja causar na sociedade. Elas ajudam a entender que, em muitos casos, sem que se perceba, o negócio já atua em diversas causas, porque não tem uma estratégia definida que possa identificar e direcionar seus esforços para potencializar seu impacto nem a contribuição efetiva para a solução de problemas específicos.

Uma empresa que atue no setor imobiliário de baixa renda e que queira ajudar a diminuir o déficit habitacional absoluto no Brasil, por exemplo, precisa estar ciente de que atua nessa causa, tendo-a como parte de sua estratégia. Caso contrário, ela não será capaz de compreender a amplitude dela, tampouco as questões sociais, econômicas e ambientais a ela relacionadas. Isso pressupõe o entendimento dos marcos legislatórios e regulatórios que precisam ser considerados ao lidar com essa causa ao longo do tempo.

Ao não considerar sua(s) causa(s) nas reflexões estratégicas, a missão organizacional carece de um sentido e a visão se torna míope. De igual modo, a empresa perde oportunidades de dimensionar o impacto que causa na solução dessa dor da sociedade, assim como a possibilidade de influenciar outros elementos da causa relacionados a possíveis serviços que estejam ao seu alcance.

A liderança pode começar por identificar as causas em que a organização já está atuando, o que não é um exercício habitual dentro das empresas. A causa está relacionada com o impacto, o efeito final que a organização quer causar na sociedade de forma ampla, mas abrangendo todos os públicos, com algo que tenha significado para a empresa e que responda ao seu porquê. O significado é um elemento crítico para deduzir os benefícios observados de viver e trabalhar com um propósito.

Entendemos, portanto, a causa como uma externalidade que a organização decide internalizar. Ela é o direcionador de onde a organização deve colocar sua energia, uma vez que é impossível abraçar o mundo e todas as causas existentes.

Se uma empresa conseguir concentrar as causas que vai abraçar, a fim de nortear sua estratégia de competitividade consciente, é possível direcionar melhor recursos escassos, como tempo, dinheiro e energia. Escolher uma causa prioritária nada mais é do que operar em um território e conhecê-lo com maestria, adentrando a realidade dos lugares em que a organização opera.

Segundo C: cultura organizacional

Como mencionado no Capítulo 2, segundo Carolyn Taylor, uma das maiores especialistas do mundo em mudança de cultura organizacional:

Cultura é o conjunto de padrões de comportamento que são encorajados ou permitidos ao longo do tempo. [...] Entendemos a cultura organizacional como o jeito coletivo de ser e de fazer dentro de uma organização.

Após fazer o exercício de analisar as causas em que a organização pode atuar com seu negócio, é preciso escolher, de forma estratégica, aquelas que podem ser mais facilmente atendidas e que estejam relacionadas com a cultura organizacional, ou seja, com a forma de pensar e agir da empresa.

Isso pode ser decidido quando vemos a relação entre o potencial de impacto da empresa em determinada causa e a facilidade de aderir a ela.

Todas as causas são bem-vindas, mas é sempre um bom caminho começar por aquilo que esteja mais próximo e seja

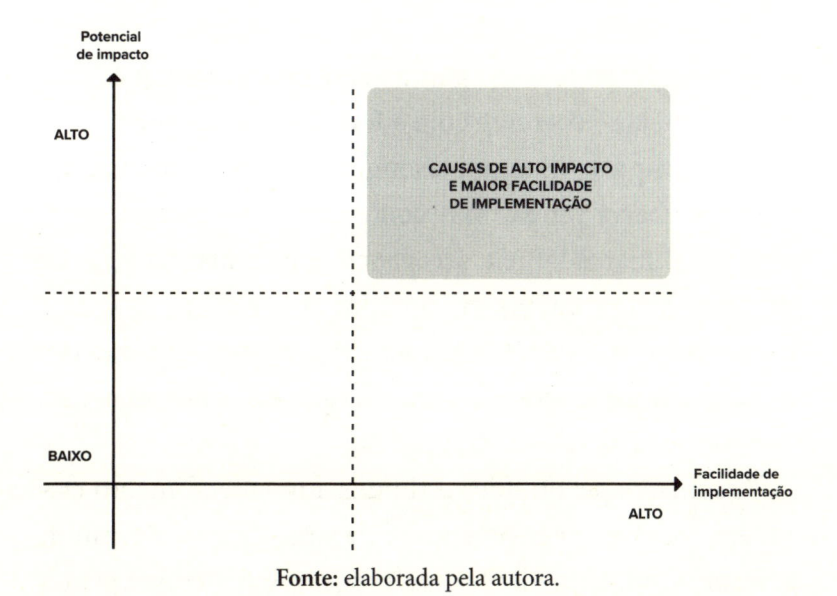

CAUSAS DE ALTO IMPACTO E MAIOR FACILIDADE DE IMPLEMENTAÇÃO

Fonte: elaborada pela autora.

menos complexo. Vemos muitas organizações que contribuem exclusivamente para causas em outros países, por exemplo, o que é em si uma ação extremamente válida, mas que deve ser associada também com a contribuição para causas inerentes ao seu entorno, que afetem a sua comunidade, elemento do qual falaremos em breve.

É começar, de fato, pelo básico e fazer com que essa causa faça parte da estruturação do gerenciamento da estratégia e da cultura organizacional, de modo que todos entendam que a organização está relacionada com ela.

A cultura precisa ser convergente com o olhar da causa que o negócio escolher abraçar. Afinal, ela é o comportamento coletivo incentivado pelas pessoas e pelos sistemas ao longo do tempo. Empresas com mais anos de vida naturalmente já têm em sua composição uma cultura mais presente, mas mesmo as novas apresentam uma cultura organizacional. Isso porque a cultura organizacional existe, independentemente de ser gerenciada ou não. Por isso, é sempre importante se perguntar: será que a causa que escolhemos apoiar é coerente com a forma como agimos?

Uma empresa que, por exemplo, atue no setor habitacional de baixa renda, mas conte com uma cultura organizacional marcada pela arrogância e pela manutenção de privilégios, terá muitas dificuldades de ser coerente com a causa. Negócios sustentáveis têm sua causa alinhada com a cultura organizacional, uma vez que ela é um elemento norteador da estratégia do negócio.

Assim, é papel do líder estimular um entendimento claro, em todas as pessoas e áreas da organização, do mindset que a empresa deseja ter e dos valores convergentes dentro da organização. A convergência traz as pessoas para um lugar-comum, é um ponto de encontro e unidade.

É importante ressaltar que não existe cultura melhor ou pior. Existem, entretanto, culturas mais ou menos coesas. A cultura é mais coesa quando o líder exerce seu papel e há o entendimento geral de como ela funciona, indo além do discurso e se fazendo presente na prática. Outro elemento importante para mensurar uma cultura é seu grau de toxicidade. Culturas tóxicas são incoerentes e pouco flexíveis, exigindo muita energia dos colaboradores a fim de se adaptarem, de qualquer maneira, ao jeito de ser do líder. Existem também culturas mais ou menos aderentes à estratégia empresarial.

A cultura organizacional é um elemento tão importante que se faz necessário abordá-la de forma ainda mais profunda e ampla. É o que faremos no Capítulo 9.

Terceiro C: colaboradores

É essencial falarmos dos colaboradores quando abordamos a competitividade consciente. Se toda organização é um coletivo de pessoas, abordar aquelas que ali trabalham é essencial, uma vez que são esses colaboradores que corroboram as ações e a visão da empresa e são responsáveis por levá-las adiante.

Já mencionamos o quanto os clientes têm se conscientizado no momento da compra. Essa conscientização, entretanto, não se aplica somente a eles, dado que cada vez mais colaboradores buscam fazer parte de uma proposta de valor e, com isso, querem saber quais são as causas que uma organização apoia para embasar suas escolhas.

Vivemos na era on-line, na qual o compartilhamento de informações em um piscar de olhos é commodity. E, com tamanha disponibilidade, é fácil entender como cada vez mais pessoas têm buscado se empoderar de suas escolhas e aumentar o impacto positivo que querem causar na sociedade. Isso significa também trabalhar em lugares com os quais se identificam e em cujas causas acreditam. Há vários estudos que indicam, inclusive, que os colaboradores estão dispostos a ganhar menos para isso. As crenças pessoais se colocam no lugar de equiparação entre uma organização e outra.

Assim, colaboradores analisam o que a liderança prega e o que faz na prática. Dizem que, de fato, as pessoas não seguem os líderes, mas sim as crenças que a liderança sustenta com suas ações. Quando o elemento humano passa a ser visto cada vez mais como insubstituível, o colaborador se empodera e toma mais consciência de suas escolhas, exercendo-as de maneira mais consciente.

Assim, há um novo perfil de colaborador que ganha destaque: o colaborador aprendiz. Esse conceito está relacionado às pessoas com mentalidade de crescimento, que tem como premissa a abundância. Elas estão dispostas a adquirir conhecimento e não veem os outros como concorrentes, mas como alguém com quem querem aprender junto.

Colaboradores com esse perfil são importantes para as empresas porque incentivam a mentalidade do trabalho em conjunto e da contribuição para uma causa comum; eles costumam se fazer presentes quando acreditam nas causas defendidas pela organização e corroboram a cultura organizacional.

Com seu trabalho, ajudam a tornar a organização um lugar de aprendizado, em que se analisa com sucesso o padrão de comportamento por trás das ações de uma empresa, a fim de realizar as modificações necessárias para torná-la melhor para o mundo.

Assim, quatro óticas são essenciais para entender o papel dos colaboradores e dos líderes em uma organização: saber, poder, querer e dever. O saber, como é possível imaginar, é a ótica relacionada com o conhecimento, que, por sua vez, se conecta com a mentalidade de aprendiz. Uma empresa que apoia a busca do não saber, promovendo trocas e incentivando o conhecimento, tende a crescer cada vez mais.

Sob a ótica do poder está a capacidade, a habilidade ou a oportunidade de fazer algo. Quando uma organização mune as pessoas com a capacidade de desenvolver habilidades, fornece os meios para que sejam realizados os treinamentos e as ações que contribuirão para trazer cada vez mais melhorias para a empresa. É o saber fazer na prática.

O querer é algo interno e individual. Por vezes, podemos ter o conhecimento e a capacidade, mas não a intencionalidade. Então, quando falamos em querer, estamos nos referindo àquilo que move alguém a realizar algum ato, sua real conexão com aquilo, por exemplo, uma causa, e sua real vontade de contribuir para a missão e a cultura organizacionais.

Por fim, do ponto de vista do dever, temos a ética. Esse item está relacionado com o que deve ou não ser feito de acordo com o que acreditamos ser certo ou errado e, consequentemente, toleramos ou não.

Uma vez que as pessoas sabem, podem, querem e devem, é preciso que fique bem claro para elas como devem ou não se comportar dentro da organização, ou seja, qual é o código de ética ou a política de integridade que vai nortear as relações entre elas.

Por fim, com relação aos colaboradores, existem aqueles que exercem cargos de gestão e que, espera-se, atuem como verdadeiras lideranças. O papel deles é tão relevante que dedicaremos um capítulo inteiro, ao final deste livro, para abordarmos o assunto.

Quarto C: clientes

Há diferentes abordagens para definir a relação entre uma organização e seus clientes. Há empresas que têm como clientes outras empresas, e essa relação é chamada de B2B (business to business); outras atendem o cliente ou consumidor final, as chamadas B2C (business to consumer); e há aquelas que trabalham com ambos os mercados, as B2B e B2C; há ainda as relações P2P (people to people), em que os negócios são feitos de pessoa para pessoa.

Ainda que essas definições sejam interessantes do ponto de vista de criação de estratégias, elas acabam por dar a falsa impressão de que não estamos lidando com pessoas. Por mais que seu cliente seja uma empresa, será necessário lidar com uma pessoa para fazer a negociação.

O cliente pode ser uma organização ou uma pessoa, mas a definição que prefiro adotar é a de que, em todos os negócios, independentemente dos mercados, estamos sempre considerando pessoas fazendo negócios e se relacionando com pessoas.

Pensar dessa forma ajuda a humanizar o olhar, porque entendemos que, dentro das relações comerciais – do lado

> B2B ou B2C
> B2B e B2C
> P2P

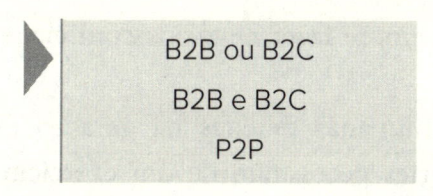

da oferta ou da demanda, longevas ou mais curtas, de parceria ou estratégicas –, estamos lidando com anseios, necessidades e expectativas que vêm de ambos os lados.

Independentemente de ser uma relação de empresa para empresa, são pessoas lidando com pessoas. Pessoas com valores, ideias, anseios, preocupações. Não pode ser somente um jogo racional em que ambos os lados querem ganhar.

Garantir a satisfação do cliente significa pensar em toda a sua jornada com a empresa, sem parar na etapa da atração. É necessário refletir também sobre sua fidelização e todos os pontos de contato, chamados também de momentos de verdade, nos quais essa experiência vai se materializando e se traduzindo em momentos de satisfação ou insatisfação.

Algumas empresas são muito boas em atrair novos clientes, mas, infelizmente, fazem um péssimo trabalho ao fidelizá-los. Assim, a jornada do cliente precisa ser considerada do ponto de vista da atração-engajamento-fidelização como um processo vivo e contínuo, já que a satisfação dele não é um destino, mas uma jornada.

Após atrair um cliente, o próximo passo é engajá-lo, fazendo com que ele se sinta parte do ecossistema da organização e entenda seus negócios e propósitos. Então, parte-se para uma visão de fidelização, como um processo contínuo de entender as necessidades reais daquele cliente e fazer com que ele passe a se identificar com a organização, a ponto de escolher sempre fazer negócios com ela, e não com os concorrentes.

Relações humanas perenes na geração de valor para ambas as partes necessitam de um exercício menos egocêntrico e mais ecocêntrico, pensando no ecossistema, nas pessoas, nos propósitos comuns, num olhar de ganha-ganha, que equilibre interesses que, por vezes, operam em sentidos opostos, chegando a pontos de encontro que sejam satisfatórios para ambos os lados.

Muitas organizações, em uma tentativa de atrair ou fidelizar, acabam assediando o cliente, criando uma relação de insistência que faz com que ele fique cansado. Uma rápida olhada em sites de defesa do consumidor nos permite verificar a quantidade de clientes que se sentem incomodados com esse assédio. Eu sou uma delas!

Em vez de entender as reais necessidades do cliente e agir de modo a atendê-las, a empresa tenta vencê-lo pelo cansaço. Fazem de tudo para atingir uma venda, mas nada para conquistar e fidelizar o cliente.

Quando morávamos em Piracicaba, por exemplo, tínhamos um plano de assinatura em uma operadora de televisão a cabo e internet cadastrado no perfil do meu marido. Éramos clientes havia anos, mas, como a conta não estava em meu nome, eu era constantemente assediada pela mesma empresa que já nos atendia e que queria me vender um plano, apesar de eu já ter informado que era cliente dela.

Um belo dia, porém, após muita insistência, resolvi atender a uma dessas ligações para verificar o que eles teriam a me oferecer. Uma rápida conversa com a atendente me permitiu verificar que a oferta que me fora feita era muito melhor que aquela que eu e meu marido, clientes há anos, já tínhamos em casa: mais megas de conexão e maior banda larga por uma mensalidade menor! OK, oferta limitada, pensei.

Mas não, a empresa oferecia, inclusive, um plano de continuidade que em muito superava aquele que nós, clientes há mais de três anos, tínhamos. Essa constatação me enfureceu, porque meu marido nunca recebeu uma ligação para oferecer melhorias no plano que tinha. Por ser considerado cliente, ele não atraía mais a atenção da empresa, que buscava apenas outras pessoas para concretizar novas vendas.

Esse é um dos muitos exemplos de má gestão da fidelização dos clientes. É preciso lembrar que todos na sociedade exercemos esses três papéis: somos clientes de algumas empresas, colaboradores em outra e parte da comunidade de outras organizações que estejam, por exemplo, em nosso bairro. Ninguém é só cliente, colaborador ou membro da comunidade. Nós consumimos e sabemos como é estar no papel de cliente.

Valorizar o cliente não significa deixar de ganhar dinheiro, mas trazer boas experiências que façam com que ele se torne fiel à organização. É encontrar a proporção entre a *customer experience* (CX), e o *customer success* (CS), que gere uma lealdade na escolha de compra, fruto dessas experiências satisfatórias, atendendo então às suas expectativas.

Sabendo disso, procure analisar a relação entre novos clientes e clientes fidelizados na sua organização. Se você perceber que há muitas vendas para novos clientes e cada vez menos para os clientes recorrentes, está na hora de reverter esse quadro. Atração tem que ser integrada à fidelização, visto que operam juntas.

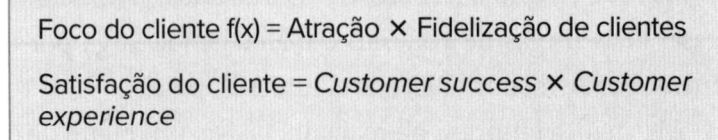

> Foco do cliente f(x) = Atração × Fidelização de clientes
>
> Satisfação do cliente = *Customer success* × *Customer experience*

Quinto C: capital

O capitalismo consciente é o capital que entende seu papel na sociedade, assume e honra seus compromissos, que vão além de apenas cumprir os requisitos legais. Quando falamos em investidores, existem dois grandes tipos: aqueles com perfil especulativo e aqueles que, de fato, acreditam na proposta de valor e investem no crescimento sustentável de um negócio.

Os investidores especulativos têm como foco gerar cada vez mais renda para si ou, de forma mais direta, "ganhar mais dinheiro o mais rápido possível". Assim, eles buscam apoiar os negócios enquanto estiverem ganhando acima da média e se retiram quando o valor da empresa cai, sem levar em consideração as causas que ela defende ou o impacto que gera no mundo.

Aqui falamos, entretanto, dos investidores fiéis, aqueles que querem fazer o negócio crescer e, de fato, acreditam em sua potencialidade. Na linguagem popular, além de querer ganhar mais dinheiro e obter um retorno acima do investimento, eles também "vestem a camisa da empresa" e querem ter ciência de que o dinheiro que estão investindo vai não apenas gerar lucros, mas também proporcionar um impacto positivo no mundo.

Um investidor com esse perfil não analisa somente o produto ou serviço vendido, mas também as estratégias e as estruturas organizacionais, verificando suas causas e a cultura da empresa para entender se são discrepantes ou convergentes. Ele tem profundo interesse no papel da liderança e na relação desta com seus colaboradores, procurando entender mais sobre a abordagem e a governança e como a empresa aplica as políticas de ESG às quais está conectada.

Esse investidor é o responsável por trazer o viés econômico ao ESG, transformando-o de fato em EESG, porque o elemento econômico é indissociável de qualquer organização. As empresas existem para ter lucro, sabemos disso, mas ele deve ser obtido de forma consciente, daí a necessidade de ampliarmos o termo para EESG.

Investidores conscientes ponderam onde alocar seu capital de acordo com as análises que fazem da empresa. Os negócios devem se encaminhar cada vez mais para esse tipo de investimento consciente. É o lucro unido ao propósito.

Sexto C: comunidade

Toda organização está inserida dentro de uma comunidade. A atuação e a importância desse negócio na área em que a empresa está inserida são muito grandes, porque é necessário contribuir para que a comunidade evolua e cresça, acompanhando a empresa.

O dever da organização é fazer com que sua presença gere impacto positivo nessa comunidade, trazendo melhorias para seu entorno e fazendo investimentos que possam, por exemplo, gerar empregos ou melhorar a infraestrutura do local.

Ser um membro ativo e consciente de uma comunidade é assumir a responsabilidade de melhorá-la por meio da atividade empresarial, fazendo com que ela queira acolher esse empreendimento por sentir que ele atende também às suas necessidades, e não somente às dos clientes ou acionistas.

Uma organização que queira ser melhor para o mundo não pode focar apenas o cliente ou o lucro. É preciso pensar no impacto que ela gera na vida daqueles que estão ao seu redor. Como uma empresa que atua no setor da construção civil otimiza, por exemplo, suas obras para gerar o menor impacto possível na vida das pessoas que vivem ao lado dessa construção?

Isso é ter sensibilidade e consciência do papel que essa empresa tem para algo que vai além da proposta de valor para o colaborador, para o cliente e para o acionista. A comunidade tem a ver com o olhar do outro, ou seja, com a forma como a empresa é percebida. A organização precisa ter consciência de que ela não é o centro da comunidade, mas parte integrante dela, seja qual for o tamanho da empresa.

Concluindo: a transparência é uma nova moeda que molda as relações humanas, eleva os negócios e traz ganhos para a sociedade de maneira mais ampla.

Sétimo C: competitividade estratégica

Quando falamos em competitividade, estamos mencionando três elementos essenciais: o atendimento de mercado, que inclui a proposta de valor (composta pelos produtos, serviços e soluções); a excelência operacional (conectada com eficiência, agilidade e melhoria contínua); e a cadeia de suprimentos.

É possível que, para alguns, a competitividade seja vista como algo ruim, especialmente para aqueles que defendem que é melhor colaborar que competir. Mas, mesmo a colaboração sendo cada vez mais importante, a competitividade é essencial para o crescimento dos negócios. Quando competimos, buscamos ser melhores que versões anteriores de nós mesmos e também de nossos concorrentes, a fim de atingir o objetivo almejado e nos destacarmos e nos superarmos continuamente.

A seleção brasileira de futebol não poderia, por exemplo, ser pentacampeã do mundo se não existissem as seleções concorrentes contra as quais joga a cada quatro anos na Copa do Mundo.

A competitividade mede o lugar de potência por meio da concorrência, colocando em teste nossas habilidades e capacidades. Mas, quando ela não é feita de forma consciente, pode ser nociva. Por isso estamos propondo o conceito de competitividade consciente. É preciso respeitar o concorrente, o mercado, os colaboradores, os clientes e a sociedade. A competitividade precisa ser consciente para ser sustentável, equilibrando o componente de colaboração ao considerar e procurar equilibrar os anseios e as necessidades dos mais diversos stakeholders.

Certa vez fui a uma empresa em que havia um garçom responsável apenas por servir e levar o café dos dirigentes. É claro que não há problema algum nisso e é até importante que organizações disponibilizem alimentos e café para seus funcionários, mas qualquer excesso se torna um problema. O cliente não quer mais pagar pelos luxos da direção, que vive dos privilégios que eram aceitos no passado.

Ele também não está disposto a arcar com as ineficiências da organização e, por isso, a excelência de operação e a competitividade em custos são sempre uma exigência. Devemos buscar ser mais efetivos a cada dia, uma melhor versão enquanto organização, analisando a otimização dos recursos, a eficiência dos processos internos e a agilidade organizacional. Agilidade não quer dizer ser o mais rápido possível, mas agir no tempo certo, de acordo com o que o cliente quer.

E a competitividade consciente inclui também analisar a cadeia de suprimentos de uma organização. Se a empresa prega determinada postura, mas tem parceiros que agem de forma diferente, cria-se um lugar de incoerência e até de hipocrisia. É necessário ter consciência da responsabilidade de uma organização em influenciar e inspirar para uma cadeia de valor que seja condizente com aquilo que ela prega.

As organizações devem estar ligadas a parceiros que compartilhem de sua cultura, de sua causa e de seus valores para não haver divergências. Os grandes fundos de investimento estão cada vez mais cientes e críticos ao analisar todos esses elementos, a fim de definir em quais empresas investir.

CAPÍTULO 7

Os 7 Ps para uma plataforma integrada de ESG

"Mude suas opiniões, mantenha seus princípios.
Troque suas folhas, mantenha intactas suas raízes."

VICTOR HUGO

Nessa nova economia que traz como moedas a mobilidade, a hiperconectividade, a democratização da informação, a transparência e a confiança, as pessoas estão cada vez mais conscientes e empoderadas de suas escolhas. Nesse contexto, a real licença de operação será cada vez mais uma concessão da sociedade – dos clientes, colaboradores, investidores (capital consciente) e membros da comunidade – num sentido amplo. Dessa maneira, a ambição de negócio de toda empresa que queira se tornar mais "pronta para o futuro", que busque perenizar sua proposta de valor e se manter relevante para seu stakeholders ao longo do tempo precisa incorporar o imperativo de negócios sustentáveis, procurando "se tornar uma empresa que a sociedade queira que exista". No capítulo anterior, foram apresentados sete grandes direcionadores das estratégias organizacionais para a competitividade consciente.

Desse modo, a continuação para cada um desses 7 Cs é sugerir um caminho que permita a apropriação deles, traduzindo-os em "7 Ps – 7 pilares estratégicos", e a internalização, de forma orgânica e estruturante, dessa abordagem que conecta o lucro com o propósito, a performance de hoje com os desafios do amanhã, do mercado e da sociedade.

Ao integrar esses elementos, é possível ancorar uma plataforma que sustente a competitividade consciente do negócio. Assim, é preciso estabelecer elementos acima dos quais seja possível edificar a estratégia de competitividade consciente, trazendo essa abordagem para o planejamento estratégico da organização. Para simplificar a modelagem, cada um desses pilares está relacionado com um dos direcionadores citados no capítulo anterior.

Causa	Propósito
Cultura organizacional	Princípios e valores
Colaboradores	Protagonismo e paixão
Clientes	Proposta de valor
Capital	Profitability
Comunidade	Projetos e programas
Competitividade	Performance

Primeiro P: propósito

O propósito nada mais é do que a união entre a internalização das causas que uma organização defende e o significado e o impacto que ela se propõe a causar, ou seja, ele responde à pergunta do porquê. Simon Sinek, em sua famosa obra

Comece pelo porquê,[37] faz uma citação que define com excelência o propósito:

> Imagine se toda organização começasse pelo "Porquê". As decisões seriam mais simples. A fidelidade maior. A confiança seria moeda corrente. Se nossos líderes fossem diligentes quanto ao "Porquê", o otimismo iria reinar, e a inovação, prosperar.
>
> Não importa o tamanho da organização, não importa o tipo de atividade, não importa o produto ou serviço, se todos assumirmos a responsabilidade de começar pelo porquê e de inspirar outros a fazerem o mesmo, então juntos podemos mudar o mundo.
>
> E isso é muito inspirador.

De acordo com o autor, devido à crescente quantidade de opções oferecidas pelo mercado, as pessoas cada vez mais entendem que a oferta de valor escolhida, que se tangibiliza em um produto ou serviço, deve convergir com o propósito delas. Na visão dele, as pessoas não compram "o que", mas sim o "porquê", que se refere ao propósito.

Quando compramos um iPhone, por exemplo, buscamos mais do que um aparelho celular. Compramos inovação, que é a maior oferta de valor da Apple. O cliente dessa multinacional está ciente de que o propósito da empresa é *"pensar diferente"* e se identifica com ela, fidelizando-se a uma proposta de valor diferenciada.

Ainda que muitas organizações se disponham a discutir sobre seus propósitos e entender quais são eles, estampan-

---

[37] SINEK, Simon. *Comece pelo porquê*: como grandes líderes inspiram pessoas e equipes a agir. Rio de Janeiro: Sextante, 2018. 256 p.

do-os em livros, nas paredes, em flyers etc., não são todas que de fato seguem aquilo que pregam ou que conseguem vivê-los. Os propósitos se tornam mais palavras jogadas ao vento do que propriamente mobilizadores que transformam as causas em força motriz e fonte de inspiração para o funcionamento da organização.

O propósito não é branding, marketing nem filantropia. É a real capacidade e habilidade da liderança de ressignificar as tarefas de seu time em um sentido mais amplo do que a mera tarefa.

Uma pessoa que trabalha, por exemplo, num call center, não tem a função de atender às ligações, mas, sim, de apresentar melhorias para a experiência do cliente. Deve ouvir suas reclamações, entendo-as e assimilando-as para que a empresa possa fazer mudanças, resolver seus problemas e melhorar seu nível de satisfação.

O papel do líder, por sua vez, é dar sentido mais amplo ao que é feito na empresa, de modo que o propósito se torne o entendimento claro de por que fazemos o que fazemos dentro do ambiente organizacional, cabendo a ele ressignificar tarefas e funções e trazer esse propósito ao coração do dia a dia da empresa.

Segundo P: princípios

Segundo a Wikipédia,[38]

> princípio significa o início, fundamento ou essência de algum fenômeno. Também pode ser definido como a causa

---

[38] PRINCÍPIO. *In*: WIKIPÉDIA: a enciclopédia livre. Disponível em: https://pt.wikipedia.org/wiki/Princ%C3%ADpio. Acesso em: 6 jun. 2022.

primária, o momento, o local ou trecho em que algo, uma ação ou um conhecimento tem origem". Outro sentido possível seria o de norma de conduta, seja moral ou legal. [...] Na filosofia, é uma proposição que se coloca no início de uma dedução e que não é deduzida de nenhuma outra proposição do sistema filosófico em questão.

Quando falamos em princípios, estamos nos referindo a valores, raízes, origem e manutenção das bases fundamentais. É aquilo que fica evidenciado pela forma como tomamos decisões e fazemos negócios, sendo esses os grandes sustentadores da estratégia. Os princípios revelam o *como* de uma empresa.

Valores e princípios estão diretamente relacionados com a cultura organizacional porque, em conjunto, regem a conduta das pessoas em uma empresa em relação ao que é incentivado, tolerado e, especialmente, não tolerado. Quando os colaboradores não estão alinhados com os princípios da organização, a cultura organizacional é ameaçada. Se ela for forte o suficiente, comportamentos que extrapolem os princípios tolerados explicitamente por ela devem ter consequências que reforcem o não tolerar.

É essencial que esses princípios sejam claros para todos e facilmente entendidos – e aqui entra o papel do líder –, inclusive por clientes e investidores. Dessa forma, todos aqueles que estão relacionados com a organização sabem o que é e o que não é tolerado, isto é, os mandamentos para o bom funcionamento das operações. É extremamente importante que esse elemento da clareza em relação à tolerância seja honrado nas ações, pois uma cultura organizacional não é definida pelo "jeito que dizemos que somos", mas pelo "jeito real de sermos". E, na prática, uma cultura é moldada pelo pior comportamento que a liderança esteja tolerando.

A organização que deseja ser melhor para o futuro e promover competitividade consciente deve alinhar, com maestria e muita disciplina, suas causas, seus propósitos, sua cultura organizacional e seus princípios. Não há espaço para a incoerência entre aquilo que pregamos e aquilo que de fato fazemos.

Em um mundo de pessoas cada vez mais conscientes, destaca-se a organização que consegue ir além e incrementar sua proposta de valor por meio das colaborações que faz para o mundo, partindo de um exercício de coerência e coesão interna que permita, de fato, conquistar credibilidade no mundo "externo".

Terceiro P: protagonismo e paixão

Já que no eixo dos Cs estamos falando em colaboradores, é preciso identificar aqueles atributos que são essenciais na construção de organizações que tragam nas suas estratégias a qualidade de competitividade consciente.

Temos aqui dois Ps extremamente relevantes e complementares, a começar pelo protagonismo, termo comumentemente entendido como ter um lugar de destaque, de atuar nos palcos, de ser o centro dos holofotes. Portanto, para desmistificar esse conceito e dar significado a essa definição, vou compartilhar uma história que li no livro *O poder da solução*, de Roberto Shinyashiki:[39]

---

[39] TRECHO DO LIVRO O poder da solução. *Epama* [S. l.: s. d.]. Disponível em: https://www.epamadivulgacao.com.br/trecho-do-livro-o-poder-da-solucao/. Acesso em: 27 jun. 2022.

Alguém me contou uma história que pode ajudar alguém que se sente desvalorizado em sua empresa a analisar as causas de seus problemas. Jorge, executivo de uma grande corporação, é um trabalhador sério, honesto e dedicado, com quase vinte anos de empresa. Um belo dia, ele se volta para o presidente da empresa e faz uma afirmação: "Tenho trabalhado todo esse tempo com muita dedicação, mas agora sinto que não sou reconhecido... Pedro, que está conosco há apenas três anos, já está ganhando mais do que eu".

O patrão finge não o ter ouvido e, elogiando-o, diz:

"Você fez bem em vir. Tenho um problema para resolver e você pode me ajudar. Quero dar uma sobremesa ao nosso pessoal depois do almoço de hoje. No canto há uma barraca de frutas. Vá até lá e veja se eles têm abacaxi."

Jorge, sem entender nada, sai da sala e vai completar a tarefa. Em cinco minutos ele está de volta.

"E?", pergunta o chefe.

"Eu verifiquei, como você me pediu, e eles têm abacaxi na barraca", diz Jorge.

"E quanto custa cada um?"

"Eu não perguntei isso!"

"Eles têm o suficiente para atender a todos os funcionários?"

"Não sei..."

"Muito bem, Jorge, sente-se nessa cadeira e espere um momento", diz o chefe, enquanto pega o telefone e chama Pedro em seu escritório.

Ao entrar, o patrão pergunta: "Pedro, eu gostaria de dar uma sobremesa ao nosso pessoal hoje depois do almoço. No canto há uma barraca de frutas. Vá até lá e veja se eles têm abacaxi."

> Em oito minutos ele está de volta.
>
> "E aí, Pedro?", pergunta o patrão.
>
> "Sim, eles têm abacaxi. A quantidade é suficiente para todos os funcionários e, se você quiser, eles também têm laranjas e bananas."
>
> "E o preço?"
>
> "Bem, eles estão vendendo abacaxi a R$ 3,70 o quilo, bananas a R$ 2,20 a dúzia e laranjas a R$ 18,00 a centena, já descascadas. Mas como eu disse a ele que a quantidade era importante, eles me deram um desconto de 20%. Eu reservei o abacaxi caso você decidisse comprá-lo."
>
> Agradecendo a informação, o patrão se despede de Pedro e se vira para Jorge, sentado ao lado dele:
>
> "Acho que você me perguntou algo quando entrou no meu escritório. Que era?"
>
> "Nada sério, nada, chefe..."

Quando falamos em protagonismo, estamos nos referindo a pessoas que, assim como Pedro, percebem e assumem a capacidade de responder às circunstâncias, adotando uma mentalidade de aprendiz. Protagonista não é quem está no palco, mas aquele que, estando nele ou no bastidor, se faz dono de suas escolhas e tem como principal direcionamento a responsabilidade, cujo termo, em sua etimologia, quer dizer "habilidade de resposta". Tem a ver com a nossa capacidade efetiva de responder a qualquer situação que nos aconteça. A pessoa responsável sabe que ser protagonista é assumir essa responsabilidade e não a terceirizar.

Quando a assumimos, adquirimos o poder de mudar situações por entender o nosso papel e as nossas possibilidades de ação e respostas dentro dela. É importante que a empresa estimule o protagonismo e a iniciativa em seus colaboradores, munindo-os da capacidade de serem parte da solução. Para isso, se faz necessária uma base de segurança psicológica que estimule as pessoas a irem além, a ousar, a assumir riscos calculados, incluindo o de errar, sobre o qual falaremos mais à frente.

Enfim, colaboradores que se colocam no papel de protagonistas são mais corajosos para trazer novas ideias e mais efetivos em aplicar o people centricity como ideia de pessoas que assumem responsabilidade e protagonismo dentro do time. Se todos fazem parte dele e se sentem à vontade para serem quem são, estarão mais aptos e abertos a aprender e colaborar, alinhados com os propósitos e princípios da empresa.

E, nesse tópico, trazemos o protagonismo alinhado com a paixão, porque ela é a força motriz que vai gerá-lo e estimulá-lo. Steve Jobs, empresário norte-americano bem-sucedido e um dos fundadores da Apple, costumava ressaltar a importância de gostarmos daquilo que fazemos, porque é isso que nos move a continuar quando as coisas não estão tão fáceis, pois, de fato, elas não são. E sem paixão, na visão dele, qualquer pessoa racional desistiria, porque é muito difícil atingir o sucesso. Antes, é preciso fazer e manter essa execução por um período longo de tempo para gerar resultados destacados de forma sustentável.[40]

---

[40] STEVE Jobs fala sobre paixão por trabalho e sucesso. YouTube, 2014. 1 vídeo (1 min). Disponível em: https://www.youtube.com/watch?v=MoJNwSHXTr4. Acesso em: 27 jun. 2022.

A palavra paixão, em sua etimologia, significa um sentimento humano intenso e profundo, capaz de alterar aspectos do comportamento e do pensamento de uma pessoa. O papel do líder, como disse meu querido amigo Ricardo Basaglia, CEO da Michael Page, durante o programa "Liderança transformadora" que ele conduziu em São Paulo com Bernardinho e o Professor Vabo, nos dias 1 e 2 de abril de 2022, em São Paulo, e do qual tive a honra de participar como palestrante convidada, é o seguinte: "O líder tem que ser o oftalmologista do time e estimular o brilho e o fogo nos olhos". É por aí mesmo!

É um exercício de entrega e de superação difícil de ser ensinado. Aliás, paixão não se ensina falando; se contagia sendo. Quando nossos propósitos, princípios e valores se alinham com os da empresa, gostamos e temos a maior paixão pelo que fazemos, intensifica-se exponencialmente a vontade de pertencer, de colaborar, de perseverar e ir além. A paixão dos colaboradores e dos líderes reverbera na organização e contagia outras pessoas.

Quarto P: proposta de valor

A proposta de valor tem como objetivo apresentar uma ideia clara, transparente e concisa ao cliente da oferta de valor da organização e da relevância e aderência que tem para atender às necessidades e aos anseios dele. Ela parte do entendimento profundo das expectativas do cliente, que vão avaliar a empresa antes de fazer negócios com ela, podendo ser traduzida num produto, num serviço ou numa solução.

A proposta de valor é um pilar que deve ser norteado pelos propósitos e ancorado nos princípios da organização, gerando a coerência e a consistência que trarão um lugar de destaque para essa empresa na cabeça do público. Seu posicionamento vai além do produto ou do serviço; inclui também a publicidade feita em torno deles, as promoções e o marketing. É a forma como a empresa será vista e como seu valor será percebido enquanto um conjunto de atributos que o cliente adquire ao escolher a proposta de valor dessa empresa.

Podemos citar, por exemplo, os famosos copos Stanley, que encontraram recentemente espaço no marketing brasileiro a ponto de se tornarem sinônimo de copos térmicos. A marca norte-americana soube trazer uma proposta de valor e fez com que seus produtos, ainda que bastante acima do preço médio dos copos térmicos, fossem percebidos como únicos para aqueles que os compravam.[41]

O que acontece aqui é que, ao se identificar com a proposta de valor da marca pela tangibilidade do produto de características distinguidas, os clientes se tornaram tão fiéis à marca a ponto de fazerem propaganda gratuita dela. Desse modo, a proposta de valor nada mais é que o posicionamento que faz com que a marca esteja presente na cabeça do cliente, dos investidores e da comunidade e a coloca como a melhor opção do mercado, ou seja, lá em cima.

---

[41] SENA, Victor. "O que está por trás do sucesso do copo Stanley no Brasil". *Exame*, [S. l.], 25 nov. 2021, 10h38 (atual. 23 jun. 2022, 14h46). Disponível em: https://exame.com/negocios/o-que-esta-por-tras-do-sucesso-do-copo-stanley-no-brasil/. Acesso em: 7 jun. 2022.

Quinto P: profitability

Ao falarmos em negócios sustentáveis, muitos líderes ficam reticentes por acreditarem que isso pode diminuir os lucros da empresa. É importante ressaltar que as políticas de EESG também têm em seu centro o lucro, visto que a rentabilidade é extremamente importante porque estamos falando também do aspecto econômico.

Um negócio sustentável não é sinônimo de filantrópico. É necessário falar da rentabilidade como fonte de saúde financeira para qualquer empreendimento. Entretanto, esta é fruto do retorno do capital gerado por uma atividade econômica devidamente pautada em princípios éticos e com propósitos norteadores.

A diferença, nesse caso, é que o lucro não ocorre a qualquer custo. Negócios sustentáveis pensam, sim, nos lucros, é claro, porque não existe uma organização sem eles, mas o dinheiro não deve ser visto como vilão nem como um deus, mas como a ignição dos negócios. Quando colocado a favor de causas, ele é transformador.

A empresa deve acreditar e investir em ações em longo prazo. Para ser sustentável, essa rentabilidade precisa considerar as oportunidades de gerar retornos econômicos hoje e amanhã.

Muitas pessoas focam o retorno de hoje, buscando sempre bater metas e desconsiderando as necessidades dos clientes e colaboradores, postura que gera um abuso de poder, e não é isso o que queremos, já que estamos em busca de equilíbrio.

Sexto P: programas

Programas sociais são a forma mais eficiente de interação com a comunidade que uma empresa pode ter. Mas, para isso, eles devem partir da escuta ativa dessa comunidade a fim de entender o que ela necessita e, assim, incorporar em suas ações e propostas.

Ademais, programas de relacionamento integram a organização e a comunidade e fazem com que a empresa aumente sua relevância e credibilidade. Aqui estamos nos referindo a programas de ativação econômica ou de geração de empregos, programas esportivos e culturais, entre outros, que considerem as reais necessidades da comunidade, uma vez que a organização é também parte integrante dela.

Se antes o aspecto social era um mecanismo para compensar as atividades exercidas pelas organizações, hoje ele deve ser entendido como uma forma de a empresa colaborar para gerar impacto positivo no mundo. Por esse motivo, é importante olhar para a comunidade à sua volta e trazer ações tangíveis e participativas.

Ainda que existam ações e mecanismos paliativos, estamos falando de uma estratégia para sustentar a competitividade consciente, ou seja, programas estruturantes, edificantes de uma sociedade melhor, que contribuam para a sociedade de fato. Um programa não precisa necessariamente ser um grande investimento, mas uma ação contínua que organização se propõe exercitar dentro da comunidade da qual faz parte.

A ArcelorMittal, empresa líder mundial em soluções de aço, por exemplo, tem um programa no Brasil chamado

Ver e Viver, desenvolvido com escolas públicas e que visa contribuir para a educação. Uma vez que é comum não haver oftalmologistas nas redes públicas de saúde de alguns dos municípios para atender às crianças dessas escolas, a empresa ensina os próprios professores a fazer uma triagem oftalmológica. Assim, as crianças que apresentam alguma alteração nela são encaminhadas para uma consulta com o médico especialista, e a empresa, por sua vez, fornece óculos com os detalhes e as cores escolhidos pelos alunos, com a entrega dos dispositivos ópticos feita em um auditório em uma grande festa com o poder público local.[42]

Muitas dessas crianças eram por vezes rebeldes em sala de aula porque simplesmente não conseguiam enxergar o quadro. O que se pode concluir disso tudo é que, embora seja um programa com lógica simples, ele contribui para a alfabetização das crianças, que, ao conseguirem enxergar melhor, são capazes de visualizar mais possibilidades para aprender e para viver.

Sétimo P: performance

A performance não é somente financeira e econômica, mas também deve levar em consideração todas as dimensões da estratégia organizacional, inclusive as pessoas. Qual o grau de colaboração, bem-estar e saúde dos colaboradores? Há muitas reclamações dos clientes ou eles estão satisfeitos?

---

[42] ARCELORMITTAL, Lions Clubs e Instituto Ver & Viver selam parceria para levar correção visual a alunos do ensino fundamental. *Instituto Ver & Viver*, [S. l.], 2014. Disponível em: https://www.institutovereviver.org.br/uma-grande-conquista/. Acesso em: 7 jun. 2022.

Toda empresa tem problemas, mas, quando ela é consciente, lida com seus desafios dentro da organização, evitando que as causas desses problemas se tornem recorrentes, maximizando a rentabilidade ao longo do tempo e tendo a perspectiva de que vai resolvê-los com a mesma ética, transparência e valores com os quais atingiu os patamares em que está agora.

Esse é o exercício de encontro dos resultados. Aqui falamos do "o quê". É o crescimento com responsabilidade gerando um planejamento estratégico que se adapta e muda de acordo com o mercado, desde que a empresa se mantenha fiel ao seu propósito e se revisite em suas entregas, de forma contínua e consistente.

CAPÍTULO 8

A inovação aberta como alavancador de negócios sustentáveis

> "O futuro não é fruto do acaso. Ele é criado por pessoas que o fazem acontecer."
>
> PAULA HARRACA

As grandes inovações e evoluções da humanidade acontecem com o objetivo de buscar um futuro melhor. Por ser uma pessoa bastante otimista, acredito que olhar para o amanhã de forma positiva abre portas para as oportunidades. Foi assim que construí grande parte da minha jornada e é assim que percebo que a humanidade como um todo tem caminhado.

O futuro abriga oportunidades exponenciais. Cabe a nós identificá-las e trabalhar incansavelmente até torná-las realidade. Existem duas formas básicas de fazer isso: a partir da melhoria de algo existente ou pela criação de algo totalmente novo. Em ambos os casos, há um elemento presente: o mindset da inovação.

Quando penso em inovações, me vem à cabeça a importância de pessoas visionárias que, se vendo diante de oportunidades e ameaças, decidiram focar as primeiras em busca de alcançar aquilo que almejavam e fazer a diferença no mundo. São pessoas que veem o risco como uma chance de aprender e que entendem a importância do não saber. Indivíduos que valorizam a inovação têm sido os responsáveis pelas grandes evoluções da humanidade.

Por que se fala tanto em inovação se ela é tão antiga quanto a humanidade? Bem, a questão é que o ser humano sempre procurou novas e melhores formas de fazer as coisas, enxergando a realidade com curiosidade e se perguntando como aquilo poderia se tornar melhor. Claro que a evolução tecnológica tem papel fundamental nessa história: conforme o mundo avança, temos maior democratização do acesso ao conhecimento devido às tecnologias, fazendo com que as pessoas tenham cada vez mais acesso à informação, de forma on-line, global e ampla, não se restringindo a questões geográficas. O conhecimento está cada vez mais disponível para todos, e isso é muito bom.

Assim, inovar não é apenas criar um produto novo; é buscar o não saber. Muitas vezes, inovar não é fazer algo grandioso, mas simplificar processos a fim de resolver problemas.

Quantas vezes você procurou por uma ideia nova para simplificar ou potencializar um processo que já fazia no seu dia a dia e sentiu a frustração de perceber que nada lhe vinha à cabeça? E então, ao compartilhar suas frustrações, recebeu ajuda de outras pessoas do seu círculo familiar ou social, percebendo assim a importância de compartilhar ideias a fim de encontrar novas soluções?

Uma solução inovadora pode eliminar atritos e desperdícios ou então criar condições que ajudem a agregar mais valor a uma organização. E a inovação aberta, nesse quesito, mostra-se uma excelente forma de alavancar negócios sustentáveis.

No contexto do EESG, a inovação tem o papel fundamental de fortalecer as estratégias de uma organização. Por meio dela, tem-se um importante motor de desenvolvimento sustentável para as empresas.

Mindset de inovação

A busca pela inovação é intrínseca à humanidade e tão antiga quanto ela. Podemos pensar na invenção da roda, por exemplo, como uma forma de inovação que facilitou os processos de transporte e de produção. Ao inovarmos, temos em mãos a grande oportunidade de alavancar nosso potencial transformador.

Para tanto, dois ingredientes são fundamentais. De um lado, temos características humanas, como a criatividade, a intuição, a emoção e a integridade, e, do outro, a combinação de tecnologias digitais que viabilizem novos modelos de negócios capazes de dinamizar o ecossistema de inovação. A união de ambos gera um lugar de potência único para criar vantagens competitivas sustentáveis.

A inovação é o caminho para a evolução. Para inovarmos, precisamos ser ágeis e eficientes. É preciso ter um mindset exponencial. Os objetivos de uma empresa que busca inovação devem ser ambiciosos, baseados na visão de futuro dessa organização. Assim, é necessário também empoderar as tomadas de decisões e aumentar a influência dos colaboradores para que eles sintam que podem, de fato, contribuir para a empresa e trazer suas ideias para serem analisadas e incorporadas.

É comum que muitas empresas busquem seguir um plano que não necessariamente se aplica ao território a ser explorado por elas. Para entender isso, é preciso ter uma visão ampla que permita explorar esse território, para não ter uma falsa ideia de controle e conforto que ela oferece.

Não podemos controlar os resultados e as consequências, mas sim o que fazemos e como fazemos, ou seja, quais são os elementos principais que incorporamos na nossa gestão da inovação. Quanto mais aberta for a nossa mente para tentar entender os princípios que regem a era exponencial, mais chances de sucesso teremos ao fazer parte dela. É preciso pensamento crítico para perceber o que devemos continuar fazendo, o que devemos começar a fazer e o que devemos parar de fazer. E nesse processo, que eu chamo de os 3 Cs da mudança individual e coletiva, a inovação aberta exerce excelente papel para potencializar a inteligência organizacional com o ecossistema.

O que é a inovação aberta?

Tradicionalmente, as organizações enxergavam a inovação como um processo fechado numa caixa preta, com várias chaves e cadeados, com o receio de que conhecimentos essenciais para o negócio fossem compartilhados externamente. Claro que a propriedade intelectual, ou IP (*intellectual property*), ainda é um componente importante no mundo organizacional e, por isso mesmo, precisa ser gerenciada com cuidado e metodologia. Mas não é disso que estamos falando.

A INOVAÇÃO ABERTA COMO ALAVANCADOR DE NEGÓCIOS SUSTENTÁVEIS

Inovação aberta é uma abordagem que vai além de uma área tradicional de Pesquisa e Desenvolvimento como a única e exclusiva fonte de novas ideias para uma organização. Ela se propõe a cocriar soluções inovadoras com o ecossistema, bebendo da fonte de conhecimento dos vários parceiros que compõem esse ambiente fora da empresa – universidades, centros de pesquisa, institutos de ciência e tecnologia e startups, que vieram dinamizar ainda mais esse ecossistema de negócios para torná-lo mais inovador e competitivo.

MODELOS DE INOVAÇÃO

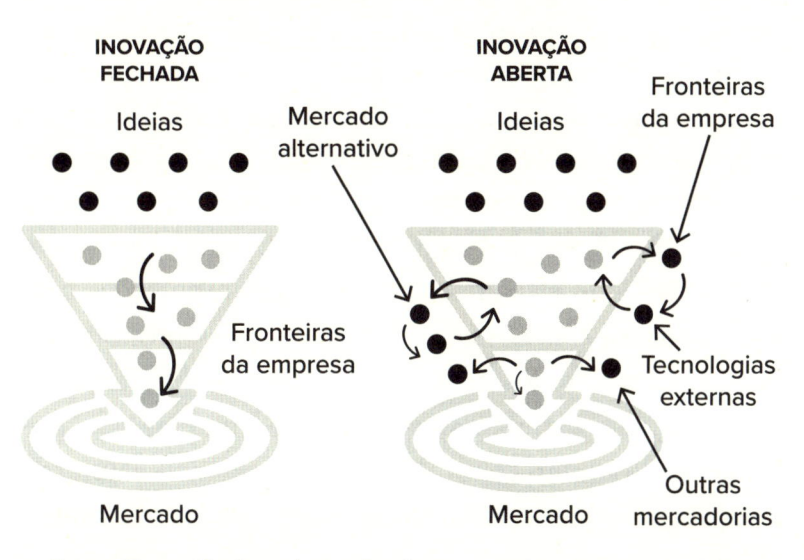

INOVAÇÃO FECHADA
Ideias
Fronteiras da empresa
Mercado

INOVAÇÃO ABERTA
Ideias
Mercado alternativo
Fronteiras da empresa
Tecnologias externas
Outras mercadorias
Mercado

Fonte: Henry Chesbrough, criador do termo *open innovation*, em 2003.

Uma ideia só ganha vida quando a compartilhamos e a implantamos. Ela só passa a ser boa quando é, de fato, colocada em teste. Podemos criar mil ideias fabulosas em nossa mente, mas, se elas não forem colocadas no mundo e em prática, de nada servem.

Vivemos em um contexto em que parece que é cada vez mais importante ressaltar a concorrência. Mas a verdade é que a inovação aberta – ou seja, quando nos abrimos e colaboramos com parcerias ganha-ganha e de forma clara – faz com que cresçamos e nos tornemos mais fortes, criando soluções melhores ao ampliar a fonte de inteligência da organização.

Isso ocorre porque podemos unir forças e compartilhar experiências, ideias, meios de produção e tecnologias, buscando o maior potencial de cada um para criar algo que supere as expectativas dos clientes.

Uma empresa que investe em inovação e novos processos por meio da inovação aberta garante acesso àquilo que está acontecendo de mais inovador no mercado. Os envolvidos nos projetos podem explorar a fundo cada oportunidade e manter o foco naquilo que devem criar, ao mesmo tempo que a empresa consegue colaborar para o avanço tecnológico da cadeia de valor em que atua.

A máxima é: ampliar os horizontes e pensar além do comum, buscando estender os limites das corporações para além de suas paredes. Como nem todas as empresas têm o domínio das metodologias, da tecnologia e das ferramentas para criar e inovar, a inovação aberta permite que, ao trabalhar em conjunto com outros times, pessoas e empresas, essas organizações possam buscar soluções novas, contribuindo para que novos projetos sejam criados e desenvolvidos e ganhem mais destaque no mercado.

Digamos que duas empresas atuem no mesmo setor e uma delas esteja buscando por determinada matéria-prima para sua produção. Se a empresa concorrente colaborar de forma aberta, aumentam-se os recursos não somente financeiros, mas também de mão de obra e capacidade intelectual.

Em conjunto, elas podem garantir a busca de novas soluções que tragam mais qualidade de vida e eficiência e garantam a vitalidade de negócios sustentáveis. Ambas só têm a ganhar, mas isso quebra muitos paradigmas para aqueles que só querem ganhar e que os demais percam.

Inovações abertas exigem o desenvolvimento de pensamento analítico, a capacidade de aprender de forma ativa e desenvolver tanto a criatividade quanto o senso crítico. Nessa perspectiva, o papel da liderança, sobre o qual falaremos alguns capítulos adiante, é fundamental para criar um ambiente em que as pessoas se sintam à vontade para arriscar, experimentar, aprender e pensar "fora da caixa".

Inovação aberta e agilidade

A inovação aberta também exige um mindset de agilidade. Esse conceito tem se tornado cada vez mais importante. E, apesar de estar conectado com velocidade, nem sempre ser mais ágil significa ser mais rápido. Quando somos ágeis, conseguimos gerar mais valor com menos esforço e menos trabalho. É preciso maravilhar as pessoas, entregar valor de forma contínua, experimentar e aprender rapidamente e fazer da segurança um pré-requisito.

Para Stephen Denning, autor do livro *The Age of Agile: How Smart Companies are Transforming the Way Work Gets Done* (em tradução livre, *A era dos ágeis: como as empresas inteligentes estão transformando a maneira como o trabalho é feito*), ser ágil é conseguir gerar o dobro do valor com metade do trabalho. Para ele, a abordagem ágil tem quatro pilares.[43] São eles:

---

[43] DENNING, Stephen. *The Age of Agile*: How Smart Companies are Transforming the Way Work Gets Done. Nova York: Amacom, 2018. 336 p.

1. Faça as pessoas se sentirem sensacionais, não apenas sua equipe, mas todas as pessoas do seu ecossistema: desde os seus fornecedores até os clientes.
2. Coloque a segurança como um pré-requisito: criar um ambiente favorável para inovar e corrigir rapidamente os erros começa pela segurança psicológica.
3. Aprenda rápido e com eficiência e se adapte às mudanças.
4. Entregue valor continuamente: defina pequenas entregas e a cada uma peça feedback aos clientes.

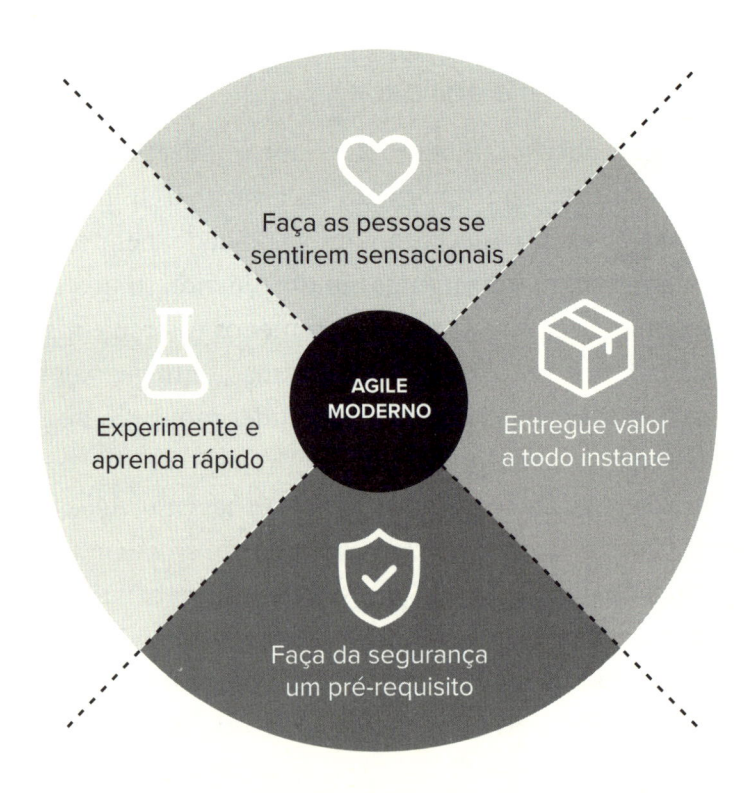

AGILE MODERNO

- Faça as pessoas se sentirem sensacionais
- Experimente e aprenda rápido
- Entregue valor a todo instante
- Faça da segurança um pré-requisito

Fonte: saiba mais em https://modernagile.org/; https://www.metodoagil.com/novo-manifesto-agil/.

Buscar ideias de fora traz mais colaboração e novas formas de entender como implementar o propósito da empresa, proporcionando um mindset de crescimento que traz o desenvolvimento da inteligência e de novas habilidades, o aprendizado para superar as limitações, a coragem para abraçar desafios e encarar as falhas como aprendizado, vendo o esforço como caminho da excelência, buscando a autorreflexão e a aprendizagem.

DNA da inovação

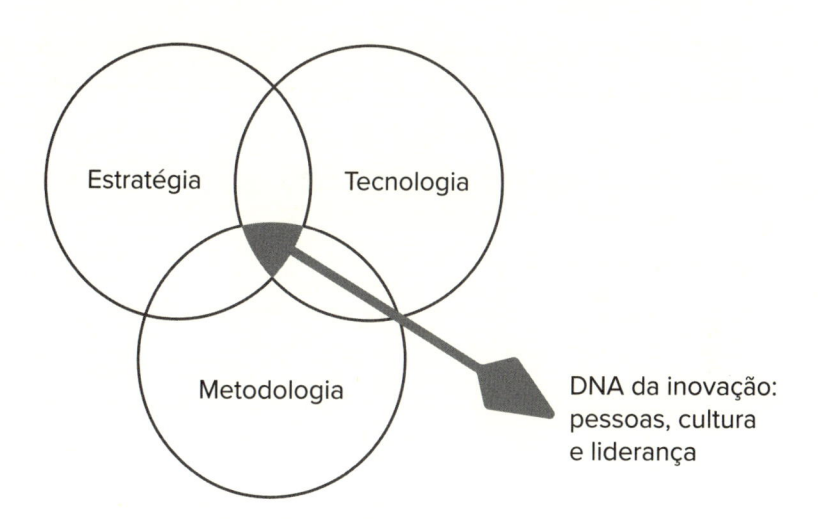

[Diagrama de Venn com três círculos: Estratégia, Tecnologia e Metodologia, com uma seta apontando para o centro indicando "DNA da inovação: pessoas, cultura e liderança"]

Fonte: elaborada pela autora.

Quando falamos em inovação, é comum que a mente das pessoas vague para conceitos tecnológicos, colocando-os novamente no centro da criação. Ainda que a tecnologia seja importante, é essencial encontrar o ponto de convergência entre a tecnologia, a estratégia e o método. Esse é o DNA da inovação, que tem em seu cerne as pessoas, a cultura e a liderança. Um não existe sem o outro.

Pensar em inovação sem levar em consideração esses fatores a torna falha. Em conjunto, eles são os pilares que a estruturam. Falaremos sobre cultura organizacional e liderança mais adiante, a fim de entender a importância desses conceitos, mas, enquanto isso, analisemos melhor o diagrama a seguir.

Nele, podemos perceber o melhor cenário para que a inovação aberta seja parte integrante de uma organização. A inovação não é algo que possa ser estabelecido sem uma estratégia, cultura e abordagem que a sustente, tampouco sem os pilares mencionados.

Ela deve ser estimulada em um ambiente propício. A inovação não se decreta. Temos que estimulá-la, criando mecanismos que a propiciem. Ambientes de confiança e segurança psicológica são mais favoráveis para inovar, ousar, criar e aprender.

Ambientes inovadores não significam empresas repletas de pufes e mesas de bilhar, videogames e bares para aquele lanchinho durante o trabalho. Ainda que esses elementos possam ajudar a fazer com que os colaboradores se sintam mais à vontade e parte integrante da empresa, não são eles que conquistarão a confiança dos funcionários. Isso é papel do líder.

Quando um líder executa, no seu dia a dia, ações que continuamente o colocam como exemplo, ele cria um ambiente de maior estímulo para inovações. Mais do que o ambiente físico, o que importa é a atenção que ele dá para as conversas entre colaboradores, quais comportamentos ele estimula e como gasta seu tempo.

No seu comportamento, por meio da tomada de decisões, o líder revela o que é valor para si. E aí entra outro

Comece pelo CLIENTE
- **Conheça** seus clientes profundamente.
- **Tenha o foco do cliente** – empatia.
- **Supere expectativas**: a nova experiência deve ser melhor que a anterior.
- Lembre: "o **valor** é dado pelo cliente".

Pratique a COLABORAÇÃO
- **Compartilhe** problemas e ideias.
- **Forme** equipes multidisciplinares.
- Estimule um **ambiente de coopetição**: deixe a competição para o mercado.

Estimule o SENSO DE DONO
- Defina **metas desafiadoras**.
- Proporcione **os recursos**.
- Dê **autonomia** com responsabilidade.
- Reconheça com **meritocracia**.

Não complique, SIMPLIFIQUE
- Quer simplificar? Imprima **velocidade**.
- **Métodos ágeis** geram resultados mais rápidos.

Incentive o APRENDIZADO ÁGIL
- Estimule a **CURIOSIDADE**, a observação, a busca do novo, continuamente.
- Não busque só as respostas certas. Procure **fazer as perguntas certas**.
- Não infira: pergunte antes de julgar.
- Lembre que o **erro faz parte** do aprendizado.

Pense na ESTRATÉGIA
- **Ter uma ideia** não significa nada.
- O que importa é ter o **Modelo de Negócio** e a **capacidade de realização**.
- Olhe as ideias disruptivas do **mercado**.
- Potenciais ameaças podem estar em **outra indústria. Conecte os pontos**.

E o mais importante de tudo...
- A inovação **não se decreta**; ela se estimula **criando-se um ambiente** que a propicie.

Ambientes de confiança são mais favoráveis para inovar, ousar, criar e aprender.
- Além do ambiente, o principal estímulo é um **líder que coloque o discurso em prática**.

Seja **consistente** e procure ser **coerente, genuíno e humano**.

Fonte: elaborada pela autora.

grande ator dessa história: a cultura organizacional, elemento essencial para favorecer a inovação. Se um líder faz aquilo que diz, demonstra consistência, busca ser coerente e é genuíno e humano, ele estimula mais pessoas a fazerem o mesmo. O discurso pode até sensibilizar, mas só o exemplo consegue movimentar.

Expandindo os limites

A inovação aberta favorece a troca de informações e também de recursos mais efetivamente, expandindo os limites da empresa e alavancando seus negócios.

Por mais que uma companhia seja grande, ela não detém de todos os meios para inovar sozinha. Muitas empresas costumavam operar com uma estrutura vertical, em que as pesquisas eram feitas internamente para que o resultado final fosse apresentado para o público de maneira pioneira e exclusiva. É claro que ainda existem elementos do core business que precisam se manter no universo interno para não revelar movimentos estratégicos no mercado. Isso faz parte.

A questão aqui é outra: as empresas que queiram perenizar suas propostas de valor, fazendo com que elas se mantenham relevantes para o público-alvo ao longo do tempo, precisam se reinventar continuamente, olhar para o mercado, entender os drivers de valor desse público e revisitar suas ofertas de valor para verificar se elas continuam fazendo sentido, para pensar em como enriquecê-las, se sua estratégia é de diferenciação e de geração de alto valor agregado.

Ao conectar isso tudo com o EESG, negócios sustentáveis precisam inovar para que suas atividades sejam conduzidas de modo cada vez mais sustentável, de acordo com os propósitos da empresa, a fim de se tornar uma organização melhor para o mundo. Muitas delas, entretanto, sofrem ao fazer as mudanças necessárias para implementar as práticas de EESG, porque consideram que a solução dos seus desafios se encontra apenas internamente.

A inovação aberta permite que organizações trabalhem em conjunto com startups e outros parceiros, inclusive órgãos públicos, para cocriar soluções, serviços e produtos e permitir uma abordagem mais inovadora, colaborativa e menos centralizada. Assim, não é necessário que uma solução ou um conceito sejam desenvolvidos desde o início, permitindo que sejam implementadas soluções que já estejam em funcionamento em outras empresas ou indústrias.

Organizações que buscam se alavancar por meio da inovação aberta também podem escolher investir em startups que desenvolvam projetos que incentivem a resolução dos desafios, a fim de tornar um negócio sustentável, por exemplo. Estratégias de CVC (*corporate venture capital*), por meio de fundos de investimentos e outros instrumentos financeiros, têm aumentado consideravelmente num período relativamente curto.

O report "Retrospectiva 2021", da Distrito, na página 5, destaca com fatos e dados o crescimento expressivo:[44]

> Em 2020, o ecossistema de inovação brasileiro não só resistiu à crise da covid-19, como também recebeu um

---

[44] REPORT RETROSPECTIVA 2021. *Distrito*, [S. l.: s. d.]. Disponível em: https://materiais.distrito.me/mr/retrospectiva. Acesso em: 7 jun. 2022.

volume de investimentos inédito em sua história. Em 2021, esse crescimento se fortaleceu e as nossas startups receberam nada menos do que US$ 9,4 bilhões em aportes, quase o triplo a mais do que no ano anterior.

Se os desafios da sustentabilidade são os mesmos para todos, uma solução elaborada em conjunto pode ser mais eficiente. Criar um ecossistema de colaboração entre empresas, colaboradores, clientes e comunidades traz enormes benefícios para todos, mas demanda uma mudança de mindset: abandonar o *ego* para conquistar o *eco*.

Trabalhar em conjunto se mostra uma maneira muito mais efetiva de colocar em prática os compromissos de uma empresa, mantendo sua cultura organizacional e permitindo que ela alce voos maiores do que se estivesse trabalhando sozinha. Empresas que querem se manter no mercado de forma longeva devem tornar as pautas EESG parte integrante de sua espinha dorsal.

E isso não impede que soluções internas continuem existindo, mas amplifica a potencialidade delas, uma vez que soluções criadas dentro de uma empresa podem ser compartilhadas com outras. Se o objetivo em comum de todas as empresas é se tornar melhor para o mundo, trabalhar em conjunto para isso parece uma forma mais inteligente de garantir que esses objetivos sejam alcançados.

CAPÍTULO 9

Cultura organizacional como vantagem competitiva

> "Se você quer saber o que uma empresa realmente valoriza, olhe a agenda dos líderes e o orçamento."
>
> Carolyn Taylor

Muito se tem falado ultimamente sobre cultura organizacional. Ela passou a ser vista como importante alavancador estratégico das empresas. Mas ainda que a discussão sobre esse tema tenha se tornado um foco dos holofotes empresariais, muitas organizações ainda não compreenderam, de fato, a importância e o papel da cultura organizacional para que a empresa seja melhor futuramente.

Para entender como a cultura organizacional pode ser uma vantagem competitiva para as empresas, em primeiro lugar é necessário entender exatamente o que é esse conceito e como ele pode influenciar as estratégias e os resultados das organizações e, assim, alinhar as expectativas dos líderes e colaboradores, bem como dos clientes e da comunidade em que essa organização está inserida.

Peça-chave para a execução de qualquer estratégia, a cultura organizacional é algo inerente a toda empresa. Isso significa que ela existe, independentemente de ser gerenciada ou não – e quando não é, é a cultura do acaso, fruto da sorte, e não daquilo que se deseja potencializar para uma estratégia efetiva.

Podemos, portanto, pensar na cultura organizacional como um iceberg. No topo está aquilo que vemos, ou seja, os resultados. No caso da cultura, acima da água temos o jeito que dizemos que fazemos as coisas. A maior parte do iceberg, entretanto, que é o seu sustento, está embaixo da água. Na cultura, essa parte é o jeito como realmente fazemos as coisas.

Em sua obra *Walking the Talk*, Carolyn Taylor[45] descreve os três níveis do ser humano: o do *ter*, do *fazer* e do *ser*. Na visão da autora, os resultados que a gente *tem* (individual e coletivamente) são consequência do que a gente *faz* (tomada de decisão + uso do tempo + interação com os outros), o que, por sua vez, é consequência de quem a gente é (sentimentos + crenças e valores + nível de consciência).

Nossa contribuição vai além de atingir as metas organizacionais. Ela também está relacionada ao que fazemos e à forma como nos comportamos, usamos nosso tempo, interagimos com os outros e tomamos decisões. Em uma organização, o conjunto dessas ações é responsável por moldar a forma como ela é percebida por outros. E isso, por sua vez, está ligado aos nossos sentimentos, valores, crenças e nível de percepção ou consciência.

---

[45] TAYLOR, Carolyn. *Walking the Talk*: Building a Culture for Success (Revised Edition). London: Cornerstone, 2015. 416 p.

Analisemos, então, o que é a cultura organizacional e como ela pode ser gerenciada para trazer de fato a possibilidade de se tornar uma vantagem competitiva para a empresa.

O que é cultura organizacional?

No conceito apresentado por Carolyn, a cultura organizacional pode ser definida como padrões de comportamento que são encorajados, desencorajados ou tolerados pelas pessoas e pelos sistemas ao longo do tempo. Refere-se, portanto, à forma como os negócios são conduzidos por uma organização no decorrer do tempo, bem como ao modo pelo qual colaboradores, clientes e parceiros são tratados.

Ela é o reflexo da moral e da ética empresarial, que auxilia a guiar os colaboradores de forma a entenderem o caminho que deve ser seguido, moldando as decisões que afetarão a empresa em médio e longo prazos e desenhando o seu futuro.

São, portanto, os comportamentos, as práticas e as políticas que a empresa adota em seu modo de agir e que, em conjunto, ditam a essência daquela organização. Uma empresa que institui vestimentas casuais às sextas-feiras, por exemplo, tem essa prática como um símbolo de sua cultura organizacional. Sim, os símbolos, assim como os sistemas e os comportamentos, são os três componentes principais de uma cultura.

Essa cultura, que é percebida não só pelos colaboradores, mas também pelo público externo, seja por meio das opiniões de colaboradores, seja por notícias e impressões a respeito de uma organização, pode afetar a opinião dos clientes e futuros investidores. Lembre-se sempre de que estamos falando de pessoas que têm se tornado cada vez mais conscientes em relação a suas escolhas de pertencer, ao seu consumo e a suas formas de investimento.

Se, em uma empresa, os colaboradores sentem-se à vontade para expressar suas ideias e percebem que são ouvidos, acolhidos e recompensados pelo bom desempenho, tal comportamento está atrelado à cultura organizacional. Por sua vez, se um cliente discorda de determinado elemento da gestão organizacional, como o fato de uma empresa testar seus produtos em animais, ele optará por fazer suas compras em outro lugar.

Desse modo, uma organização que tenha como objetivo o foco no cliente e que gere soluções de alto valor agregado necessita ter colaboradores que pensem nessas soluções e que tenham esse foco presente nas decisões. A cultura segue a estratégia e deve moldá-la.

A confiança é um elemento-chave da cultura organizacional, porque colaboradores, clientes, comunidade e investidores devem poder confiar na organização para se relacionar com ela. Essa confiança se estende ao trabalho dos líderes, ao papel que a organização desempenha e a sua forma de atuação, baseando-se na prática, e não na teoria.

De nada adianta tentar estabelecer uma cultura organizacional que não tenha identificação com as características reais da empresa. A cultura é criada por meio das experiências individuais e coletivas dentro de uma organização, não podendo ser forjada ou imposta.

Muitas empresas estampam elementos que querem que façam parte de sua cultura organizacional em ambientes comuns aos colaboradores, mas, que, no dia a dia, o discurso sobre suas crenças e seus valores não é compatível com a prática. No entanto, a cultura organizacional é instituída com base na ação.

É frustrante, tanto para os colaboradores como para o público externo, quando uma empresa prega uma cultura organizacional moderna, por exemplo, mas, na prática, mostra-se conservadora e fechada. A divergência entre aquilo que é planejado e o que é colocado em ação demonstra a incoerência de uma empresa e mina a confiança de todos, especialmente daqueles que acreditam na mudança.

Quando falamos em confiança, é importante alinhar o entendimento desse conceito tão profundo e subjetivo. O modelo de confiança e traição proposto por Reina define a confiança transacional com três características:[46]

- Recíproca;
- Dar para receber;
- Gerada gradativamente.

O modelo ainda distingue três componentes acima dos quais se sustenta a capacidade para construir confiança:

- A confiança de competência ou de capacidade, que se edifica reconhecendo e investindo na competência e na capacidade da equipe e permitindo que as pessoas tomem as próprias decisões, ajudando-as a crescer e se desenvolver.

---

[46] BUILDING TRUST AND RESOLVING CONFLICT. *WCC Library*. Disponível em: https://textbooks.whatcom.edu/healthprofessionalism/chapter/building-trust-and-resolving-conflict/. Acesso em: 27 jun. 2022.

- A confiança contratual ou confiança de caráter, que dita quais acordos serão mantidos e quais limites serão estabelecidos, dando aos colaboradores a habilidade de renegociar sem agendas secretas.
- A confiança de comunicação está conectada com a divulgação de informações. É importante que ela seja clara, simples e verdadeira, sem fofocas ou insinuações, admitindo erros, dando e recebendo feedbacks construtivos.

Nenhuma estratégia empresarial, por melhor que seja, é suficiente sem uma cultura organizacional aderente e saudável que sirva para potencializá-la. A cultura tem que ser uma disciplina integrada na gestão da estratégia e nos processos dos negócios.

Por que gerenciar a cultura organizacional?

Conforme mencionado, a cultura organizacional é essencial a qualquer empresa. A existência dela independe de nossa vontade. Então, temos a opção de deixá-la ao acaso ou de gerenciá-la, a fim de que seja direcionada e transformada em vantagem competitiva.

A cultura de uma empresa é a única coisa que jamais pode ser copiada. Se um colaborador passar a trabalhar em outra organização, é possível que um produto ou tecnologia sejam copiados. A outra empresa pode se inspirar no branding da outra ou imitar determinado serviço, mas a cultura será sempre única. Ou seja, dificilmente uma organização poderá "copiar e colar" a cultura de outra, pois foi construída ao longo do tempo, numa jornada única e irrepetível.

Ainda que um colaborador saia da empresa, por exemplo, não levará consigo os jeitos de ser e fazer, os padrões de comportamento e de ação coletivos que fazem parte da sua empresa e são marca registrada dela. Mesmo que um líder deixe a empresa, também não levará consigo a cultura organizacional. Isso porque ela é mais forte, mais abrangente e mais transcendente do que uma única pessoa.

Assim, uma cultura organizacional coesa é uma forma de conferir maior robustez à estratégia empresarial, fortalecendo a credibilidade da empresa e fazendo com que ela tenha mais vantagem competitiva em relação a seus concorrentes. Queremos trabalhar, comprar e investir em organizações que tenham culturas que nos agradem e que sejam convergentes com os nossos princípios e valores.

Cabe então aos líderes estimular, dentro das empresas, a cultura coletiva e o olhar do "nós", sobretudo na época em que vivemos, marcada por inovação cultural constante e pluralidade de formas de trabalho – como o remoto, que se sobressaiu durante o contexto da covid-19. A pandemia, inclusive, evidenciou o impacto das culturas nacionais, regionais e organizacionais no gerenciamento de uma crise, bem como sua importância para a união das pessoas em prol de um mesmo objetivo.

Pensar no coletivo dentro de uma empresa também significa trazer o colaborador para um lugar de construção de "um só time" e fazer com que ele se sinta, de fato, parte integrante dessa organização.

A mudança de comportamento alimenta mudanças de crenças e valores, e vice-versa. No entanto, essa relação precisa acontecer em três dimensões: na do eu, ao adotarmos um comportamento-modelo e tomarmos decisões simbólicas; na do nós, encorajando, desencorajando e não tolerando comportamentos no coletivo; e na dimensão dos símbolos e dos sistemas, redesenhando e alinhando aquilo que você gerencia.

Assim, a empresa demonstra que realmente valoriza seus colaboradores não apenas como força de trabalho, mas também como protagonistas da vida empresarial. O gerenciamento da cultura organizacional permitirá definir os comportamentos necessários para que as estratégias de uma empresa sejam viabilizadas na prática.

Uma empresa que tem uma cultura organizacional valorizada pelos colaboradores observa menor rotatividade e maior participação nos processos de decisão. Além disso, esses mesmos colaboradores tendem a assumir seus erros e a tomar a iniciativa ao apresentar ideias que acreditam ser benéficas para o futuro da empresa.

Para gerenciar a cultura organizacional, o líder precisa servir de exemplo, colocando seus discursos em prática e trazendo a percepção dos valores para um ponto em comum. Isso permite, também, que o negócio tenha um desenvolvimento que seja não apenas esporádico, mas também sustentável e longevo.

Um bom gerenciamento de cultura organizacional está diretamente conectado com o desempenho e a produtividade da empresa, visto que uma organização que não é capaz de engajar seus colaboradores está fadada ao fracasso.

Portanto, é necessário atrair e engajar as melhores pessoas, que tornarão as estratégias organizacionais ainda mais eficientes porque acreditam no que fazem e na empresa para a qual trabalham. Uma cultura saudável faz com que a empresa seja mais do que uma organização e passe a ser um time cujos princípios organizacionais e individuais convergem para os mesmos propósitos.

Como transformar a cultura organizacional?

Ao longo deste capítulo, a importância da ação foi ressaltada diversas vezes. As mensagens não verbais percebidas sobre aquilo que a empresa de fato considera importante são os alicerces da construção de uma cultura organizacional coesa.

Precisamos pensar na cultura organizacional como escrever em um papel em branco com mais de trinta cores de caneta à disposição. Se você usar algumas poucas canetas, poderá criar uma identidade única para aquilo que escreve e fazer com que seja entendido. No entanto, se decidir usar todas elas e fazer muitos rabiscos, será impossível se fazer compreendido, já que tudo ficará bagunçado demais.

Isso significa dizer que a cultura organizacional de uma empresa deve ser baseada em seu propósito, seus objetivos e sua visão de futuro, para então definir os comportamentos que devem se fazer presentes nas ações de todos aqueles a ela relacionados, inclusive e especialmente dos líderes. Aprendi com Carolyn que a cultura organizacional se define pelo pior comportamento que é tolerado pela liderança.

Olhando para a evolução ou a mudança de uma cultura, é importante ter *foco* para direcionar as energias: não conseguimos abraçar o mundo. É impossível atacarmos todas as dores de uma só vez. Então, escolha prioridades e comece com pequenos passos; em seguida, priorize um único comportamento que, se não acontecer na organização de maneira consistente, pode comprometer a estratégia organizacional; por fim, garanta que os recursos mais escassos – tempo, dinheiro e espaço, por exemplo – sejam geridos em coerência com esse comportamento que você quer fortalecer em toda a empresa.

A frase de Carolyn Taylor que abre este capítulo é vital em demonstrar isso. Uma organização que alegue dar importância a seus colaboradores, mas cujos líderes não têm tempo em sua agenda para, de fato, ouvir essas pessoas, não está agindo de acordo com a cultura organizacional por ela pregada.

As mensagens não verbais são aquelas que são transmitidas sem o uso de palavras faladas ou escritas, estando relacionadas com o que uma organização faz, e não com o que ela diz fazer. Aqui, estamos falando de três pontos essenciais: os sistemas, os comportamentos e os símbolos.

Por sistemas, podemos entender os mecanismos que dirigem os comportamentos dentro de uma empresa. Ao analisar a estrutura de uma empresa, por exemplo, podemos entender muito sobre sua cultura organizacional. A estrutura nos permite entender a valoração dada para cada elo estrutural, ou seja, para cada área e para cada colaborador.

As avaliações de desempenho, que também são parte dos sistemas, são eficientes em nos mostrar o que é valorizado em uma organização. Podemos analisar como são feitas essas avaliações, a frequência com que são feitas e quais são os pontos verificados para dar feedback ao colaborador.

O orçamento é outro ponto-chave: diga-me onde sua empresa gasta seu dinheiro e eu te direi qual é a cultura organizacional dela. É claro que orçamento é uma das questões mais sensíveis de toda organização, porque, além de o dinheiro ser um recurso finito, é importante demonstrar aos acionistas que o investimento está sendo bem utilizado. Contudo, quando falamos em orçamento, estamos também incluindo os salários, as formas como os bônus são distribuídos e a compra de equipamentos, por exemplo.

O segundo ponto essencial citado, os comportamentos, conecta-se à maneira como as pessoas percebem *como* os indivíduos agem na empresa. Isso inclui o modo como as reuniões são realizadas e quão à vontade se sentem para apresentar suas contribuições nessas reuniões, nas trocas de e-mails e nas interações entre os diversos colaboradores.

Por fim, os símbolos são as decisões que mostram o que, de fato, é importante, como o ambiente físico da empresa, a forma como as promoções e as demissões são conduzidas e como são alocados tempo, dinheiro e espaço dentro da organização.

É importante se comunicar por meio das palavras, mas, sozinhas, elas são ineficientes para a promoção de uma cultura organizacional favorável à estratégia empresarial. Em primeiro lugar, é importante valorizar o intangível e ter um olhar amplo e profundo.

Trabalhar com cultura de forma holística e integrada nos leva a compreender que, para gerar um impacto verdadeiro na estratégia do negócio, é preciso se conectar profunda e simultaneamente com as transformações internas e externas que rodeiam uma organização.

Externamente, por exemplo, a tecnologia tem estado mais presente em nossa vida. Entretanto, percebam que muitas empresas têm fracassado ao investirem exclusivamente em automação, desconsiderando o aspecto interno e o entendimento de que toda transformação, inclusive a digital, é um processo profundo e que deve estar inteiramente ligado à cultura organizacional, incluindo a forma como as pessoas agem.

Muitas empresas se esquecem da estratégia e passam a desconsiderar fatores essenciais para o negócio, como a governança, o foco do cliente e o estímulo ao mindset de inovação.

Não se trata apenas de reinventar processos operacionais, mas sim de reformular modelos de negócio e modelos mentais. Gosto sempre de reforçar que toda mudança acontece por meio das pessoas e que só quando focamos nelas conseguimos enxergar melhor o que deve ser feito para que a transformação genuína e duradoura aconteça.

Ao mesmo tempo, outro fator que está cada dia mais latente é o avanço da agenda de sustentabilidade ambiental, econômica, de governança e social. A busca pelo atendimento colaborativo às necessidades individuais e coletivas nunca esteve tão presente.

Acredito que toda empresa pode mudar pela paixão e ser protagonista de algo novo, mas também pode ser forçada a mudar cegamente e perder a perspectiva das consequências. Precisamos nos questionar o seguinte: qual o preço a ser pago no futuro se continuarmos fazendo as coisas do mesmo jeito?

Cada empresa tem o seu jeito e a sua estratégia. Não existe certo ou errado, e sim o que pode ser mais estratégico e adequado para o negócio. Trabalhar a cultura pode ser uma excelente vantagem competitiva e, para tal, é necessário compreender os elementos da cultura organizacional atual, a fim de entender quais podem e querem ser mudados ou revisitados, e então traçar estratégias que aproximem essa cultura *as is* (atual) da cultura *to be* (desejada).

As mudanças não precisam ser necessariamente grandes e estruturais, já que muitas vezes são exigidos apenas ajustes simples e de baixo custo econômico. É importante trazer para o movimento pessoas dispostas a fazer a mudança acontecer em si mesmas e serem exemplos de comportamentos incentivados na organização. Para ser real, a transformação deve se dar de dentro para fora, assim como acontece com o ovo, que, ao se abrir, gera vida. Assim, a única forma de conduzir uma mudança organizacional é incentivar, sobretudo, a progressão individual.

Sabendo que a jornada de evolução cultural é uma receita complexa, com vários ingredientes, sendo a liderança o principal deles, incentive os líderes a serem protagonistas da mudança e a se tornarem exemplos para o time.

Para sermos melhores, precisamos perceber o poder transformador de uma cultura coesa e aderente à estratégia. A paixão e o entusiasmo pela mudança são um exercício individual, interno e contínuo que requer aprendizado sobre automotivação, mentalidade de aprendiz, humildade, resiliência, disciplina e simplicidade, além de uma forte conexão com um propósito maior, uma vez que, para influenciar os outros, devemos primeiro aprender como fazer isso em nós mesmos.

Como definir a estratégia cultural?

Para definir a estratégia cultural de uma empresa, é preciso, em primeiro lugar, pensar no que essa organização deseja para o futuro, ou seja, qual o propósito e a ambição de negócio da empresa. O que essa organização quer atingir daqui a cinco anos, por exemplo?

Pensar no futuro não significa estabelecer planos rígidos que não serão mudados ao longo dos anos porque, como já vimos, o mundo tem mudado a uma velocidade cada vez maior, e precisamos estar aptos a entender rapidamente essas mudanças e nos adaptarmos continuamente a elas. Contudo, quando definimos uma estratégia pensando no futuro, somos capazes de filtrar aquilo que realmente é relevante para a organização.

Em segundo lugar, é preciso entender os imperativos estratégicos de uma empresa, ou seja, o que ela precisa ter para ser bem-sucedida. Isso inclui as mudanças necessárias para atingir os objetivos estabelecidos e os possíveis recursos e investimentos a serem captados. A pergunta a ser respondida é: o que precisamos *ter*, como atributos organizacionais (dois a três), para sermos bem-sucedidos no futuro?

Depois, pergunta-se o que é preciso fazer consistentemente para que essas ambições de negócio sejam cumpridas, e é nesse instante que entram em cena os sistemas, os comportamentos e os símbolos.

É um princípio semelhante a aprender um esporte novo, devendo os padrões de pensamento ser parecidos com os de atletas profissionais. É, inclusive, muito interessante se espelhar no comportamento de atletas profissionais para entender melhor sobre disciplina e desempenho. Para conseguir o que desejam, eles precisam não apenas ter um propósito muito claro, que será aquilo que vai direcionar suas ações, mas também de foco para bloquear as distrações do dia a dia e de análise para entender seus pontos fortes e fracos, de modo a alcançar os melhores resultados possíveis.

Usando o meu próprio exemplo, pude entender como aplicar muito da postura dos meus anos de atleta para gerar o desempenho que desejava nas empresas em que trabalhei. Sempre tive foco e entendi a importância do trabalho em equipe e também da performance individual dentro dela. Trago aqui um exemplo.

Quando comecei a jogar hóquei de grama aos 8 anos, eu não tinha objetivos definidos, a não ser aprender e me divertir. Contudo, à medida que fui evoluindo e enxergando meu potencial, tracei meus objetivos de curto e médio prazos com aquele esporte, passando a entender que queria me destacar e transformá-lo em mais do que um passatempo. Para mim, o hóquei era uma parte importante da minha vida.

Tendo percebido que poderia chegar à seleção nacional e que de fato queria tentar chegar lá, passei a analisar o que eu precisaria fazer para que meu objetivo fosse atingido. As mudanças não poderiam se relacionar apenas com os treinos, mas também com as opções que fazia em outras áreas da minha vida. Não poderia ir a tantas festas ou me alimentar mal, por exemplo, pois isso afetaria o meu desempenho como atleta. Com meu propósito em mente, meus sistemas, comportamentos e símbolos se tornaram claros.

Da mesma forma, é preciso entender quais são os valores, as crenças e os objetivos que a empresa considera inegociáveis. A cultura organizacional é uma viagem contínua, e não um destino. É uma gestão permanente, consistente e dinâmica.

Além disso, deve-se lembrar que, para uma empresa tornar-se sua melhor versão, ela precisa investir nos seus colaboradores, os responsáveis pelo seu crescimento. Todos precisam estar alinhamos com a cultura, o propósito e os valores da organização. E aí entra o líder, que aponta o caminho não com o dedo, mas com a própria caminhada.

CAPÍTULO 10

A liderança como catalisadora da inovação e o ESG

> "O líder aponta o caminho não com o dedo, mas com a própria caminhada."
> PAULA HARRACA

A única forma de liderança é pelo exemplo. Não podemos querer que alguém nos siga se não mostrarmos o caminho a ser seguido. Esse é um dos primeiros ensinamentos que todo líder deve ter em mente.

O imaginário sobre o que é ser um bom líder sofreu mudanças ao longo dos anos. Uma boa liderança não está necessariamente ligada à estrutura organizacional, mas à maneira de se comportar, influenciando e estimulando a colaboração para que todos contribuam de forma consistente, ao longo do tempo. Liderança não é cargo; é um exercício de iniciativa, impacto e influência.

Em um mercado que muda com rapidez e que tem a inovação como um de seus motores, muitas empresas têm se beneficiado disso, enquanto outras têm se complicado devido à imprevisibilidade do futuro. Walter Longo, então presidente do Grupo

Abril, disse certa vez que as empresas não morrem apenas por fazerem coisas erradas, mas também por fazerem a coisa certa por um período longo demais. Se o mercado está em mudança constante, a empresa também precisa estar.[47]

Não é difícil entender a veracidade dessa informação. Se o mundo está em constante mudança, uma empresa que mantém os costumes e a estrutura de anos atrás rapidamente vai de inovadora a ultrapassada, perdendo a posição de destaque de outrora. E nos dias de hoje, em que estamos cada vez mais conectados e as informações são trocadas a uma velocidade impressionante, as pessoas entendem ainda melhor as mudanças que esperam das organizações. Afinal, se destaca quem quer aprender.

Isso significa estar sempre apta e aberta ao aprendizado, absorvendo e colocando em prática as mudanças necessárias para garantir que seus propósitos sejam atingidos em longo prazo e a empresa continue sendo relevante para o mundo. Não basta mudar ou automatizar apenas os meios de produção se os modelos organizacionais e mentais se mantêm os mesmos.

O papel do líder

Estamos acostumados com a figura de um líder. Mesmo na escola, quando nos reuníamos para fazer trabalhos escolares,

---

[47] EMPREENDER NA ERA PÓS DIGITAL: O errado é fazer o mesmo certo durante muito tempo. *Faje, Goiás*, 22 ago. 2017. Disponível em: https://fajegoias.com.br/empreender-na-era-pos-digital-o-errado-e-fazer-o-mesmo-certo-durante-muito-tempo/. Acesso em: 7 jun. 2022.

era comum eleger alguém que seria o líder do grupo, a pessoa responsável por organizar e liderar a equipe.

Contudo, mesmo nesse cenário, é possível entender que um líder precisa liderar. Se aquele que é colocado no papel de liderança não faz o que lhe foi designado, por acreditar que dispõe de demasiado poder ou por achar que, como líder, deve apenas dar ordens e não agir, os resultados podem ser desastrosos. O líder precisa ensinar pelo exemplo.

Ainda há muitas organizações que, embora tenham se inserido na era digital, estão ligadas a modelos hierárquicos de comando e controle totalmente ultrapassados, que não abrem espaço para a colaboração e que tomam todas as decisões de forma vertical, sem levar em consideração a opinião de outros integrantes da empresa. Ouvem apenas aqueles que estão no topo e não são receptivas a opiniões divergentes da predominante. Líderes que não escutam, com o tempo, ficarão rodeados de pessoas que não têm o que falar.

São organizações que ainda não perceberam que o líder não está ali para comandar, mas sim para catalisar as inovações. Claro que o direcionamento é uma missão importante da liderança, entretanto, o estilo de gestão unicamente hierárquico e *top-down* (de cima para baixo) tem seu poder de impacto totalmente limitado. Empresas que se comportam desse modo ignoram que o sucesso está conectado com a capacidade de inspiração, impacto e influência da alta liderança não somente para seus colaboradores, mas também para clientes, comunidade, investidores e até mesmo concorrentes, como já vimos anteriormente.

Afinal, o papel do líder não é formar seguidores, o que tem a ver com o *ego*, mas formar novos líderes, o que tem a ver com *legado*, com perenizar a proposta de valor organizacional. O verdadeiro líder é o prescindível, pois, quando sai da organização, deixa a estratégia, os processos e a cultura a pleno vapor. Algumas lideranças entendem por legado o fato de serem lembradas na sua ausência, o que é do ego. A liderança verdadeira, porém, forma líderes que tomam conta do negócio sem precisar viver das memórias do passado, mas sim focados no presente, para construir o futuro.

Em tempos conturbados como o que estamos vivendo, as pessoas têm maior tendência a gravitar em torno de organizações que elas acreditam serem fiéis aos valores que enunciam, a seus propósitos e a sua cultura organizacional. E, com tal postura, essas empresas têm sempre em comum o fato de terem um líder que serve de inspiração e exemplo desses valores e propósitos.

Cabe a ele, então, entender seu papel de estimular e despertar a vontade de colaborar em todos aqueles que compõem essa empresa, cultivando a criação de valor e contribuindo para uma cultura organizacional que sirva para somar. E, para tal, é necessário que ele tenha uma postura que, de fato, sirva de guia para seus colaboradores. De acordo com as palavras atribuídas a Guimarães Rosa: "Quem elegeu a busca não pode recusar a travessia".[48] Ou seja, é preciso honrar a escolha e cumprir com a missão. E ainda nos inspirando em Guimarães Rosa, um dos maiores escritores brasileiros do século XX: "O que a vida

---

[48] BOSI, Alfredo. *Céu, inferno*. São Paulo: Editora 34, 2010. 496 p.

pede da gente é coragem".[49] Não só a vida, como também a liderança.

A importância da coragem na liderança

Ao longo da nossa vida, passamos por diversas situações nas quais precisamos ter coragem. Cada fase que vivemos, as atitudes que tomamos e os caminhos que escolhemos nos ajudam a crescer, a evoluir e a sermos melhores do que já fomos, o que ocorre não só com seres humanos, mas também com as organizações. A mentalidade de aprendiz é fundamental para a vitalidade de uma empresa e para a relevância da liderança.

Bons líderes estão sempre fazendo questionamentos porque têm sede de aprender e de compreender melhor a si mesmos, os colaboradores e o contexto em que a empresa está inserida. Entendem, assim, a importância de não se sentirem confortáveis em uma posição e buscarem sempre aprender mais. Eles compreendem que viver é aprender.

Se viver é um constante aprendizado, por que então passamos tanto tempo à procura da perfeição e nos recusamos a aprender com nossas derrotas? Aceitar os próprios erros demonstra coragem, sem ter vergonha de assumir as próprias vulnerabilidades. Um líder que se permite errar é mais tolerante com os erros de seus colaboradores e cria um ambiente de trabalho com mais respeito.

---

[49] Trecho da obra: ROSA, João Guimarães. *Grande sertão*: veredas. 22. ed. São Paulo: Companhia das Letras, 2019. 560 p.

Os erros fazem parte de quem somos, assim como nossos acertos. Eles apontam caminhos que não devem ser seguidos e nos fazem aprender e evoluir. Se os ignoramos, fazemos o mesmo com a nossa própria humanidade e desperdiçamos uma fonte imensa de aprendizagem. A coragem de um líder não está em se mostrar sempre forte, mas sim em aprender a demonstrar também as suas vulnerabilidades.

Isso implica também dizer que um líder guia pela ação, não pelas palavras, porque quem não faz não tem como errar nem como guiar pelo exemplo.

O medo de errar faz com que as pessoas se sintam reprimidas a manifestarem suas opiniões, proporem ideias e demonstrarem iniciativa em fazer algo. Quando assumimos tal postura, multiplicamos a intensidade das consequências do fracasso e distorcemos suas probabilidades.

Por outro lado, quando conseguimos ter humildade para aprender com nossos erros e reconhecer nossas limitações, lidamos melhor uns com os outros e conseguimos conquistar aquilo que é tão importante para a construção de verdadeiras relações entre um time: a confiança. O líder que planta a semente da confiança colhe frutos como a responsabilidade e o comprometimento.

Um colaborador certamente se sentirá mais impulsionado a trazer contribuições para uma organização se perceber que seus líderes o incentivam a isso e que estes, por sua vez, também contribuem para o trabalho dos colaboradores.

A verdadeira coragem está em assumir quem verdadeiramente somos, considerando toda a nossa complexidade e individualidade. Como diz a pesquisadora e escritora Brené Brown, nossa vulnerabilidade não é uma fraqueza. É, sim, ter a coragem de se expor, mesmo sem poder controlar o resultado.⁵⁰

Relacionando isso ao ambiente organizacional, perceba como é importante conhecermos e assumirmos nossas fragilidades, especialmente para aqueles que estão em um cargo de gestão. Um líder deve guiar por meio de suas ações, não por suas palavras.

Como diz Simon Sinek, autor e palestrante britânico, o requisito para ser um líder não é ter visão ou carisma, é ter coragem. Liderar traz implícita a missão da iniciativa de darmos o primeiro passo e assumirmos os riscos para defender aquilo em que acreditamos.⁵¹

Quando a aprendizagem se torna um dos principais valores na empresa, alinhada com o seu propósito central, fica mais fácil viabilizar o futuro traçado na estratégia ajustado com a cultura organizacional gerenciada pelo líder, de modo a fazer com que a organização funcione em uníssono.

O líder deve promover essa aprendizagem de forma ativa e contínua, guiando por meio de sua postura e possibilitando questionamentos que façam com que o mindset inovador permeie a empresa.

---

[50] BROWN, Brené. *A coragem de ser imperfeito*: como aceitar a própria vulnerabilidade, vencer a vergonha e ousar ser quem você é. Rio de Janeiro: Editora Sextante, 2016. 208 p.

[51] TOZZI, Elisa. "Coragem é o principal requisito para ser um bom líder", diz o autor britânico Simon Sinek. *Você S/A*, [S. l.], 29 ago. 2016, 14h45 (atual. 17 dez. 2019, 15h19). Disponível em: https://vocesa.abril.com.br/geral/coragem-e-o-principal-requisito-para-ser-um-bom-lider-diz-o-autor-britanico-simon-sinek/. Acesso em: 7 jun. 2022.

O líder catalisador

A figura do líder como principal catalisador das transformações tem se tornado central em todas as organizações. Ele tem o papel de engajar e envolver seus colaboradores, potencializando os pontos fortes daqueles que compõem a empresa e dos muitos pontos de vista presentes, buscando a colaboração de todos e fazendo com que eles se sintam acolhidos e parte desse time maior.

O líder que atua como catalisador tem a postura de aprendiz, estando sempre disposto a aprender mais e entender melhor o funcionamento da empresa e como fazer com que ela contribua para um mundo melhor. Ele quer se tornar um líder cada vez melhor. Para isso, ele se dispõe a escutar e a aprender sistematicamente com aqueles que estão na empresa, praticando a escuta ativa. Isso significa se certificar de que todos os colaboradores serão de fato ouvidos e terão suas necessidades levadas em consideração.

Esse líder vai se concentrar no crescimento e no bem-estar dos colaboradores e da comunidade a que a empresa pertence, compartilhando o poder, em vez de concentrá-lo, e colocando as necessidades dos outros no mesmo patamar das suas, fornecendo as ferramentas para a resolução de problemas. O líder catalisador está a serviço dos demais.

Ele também busca estimular, guiar e orientar seus liderados, ajudando-os a reconhecer e solucionar possíveis problemas e fornecendo feedbacks periódicos. A comunicação estabelecida por esse líder é aberta, permitindo que todos se sintam à vontade para compartilhar pensamentos e sentimentos, sem reter informações que possam vir a ser prejudiciais para o bom andamento da empresa.

Vence aquele que sabe explorar a própria capacidade de superar, entendendo que o único concorrente dessa história é quem fomos ontem, o que vale tanto para os indivíduos como para as organizações. É um risco, mas as regras do mercado são iguais para todos, e não temos como estar nele e não sermos impactados por elas.

Ignorar as mudanças não faz com que elas não aconteçam ou que não sejamos afetados por elas. Muitas pessoas enxergam essas transformações e focam apenas o risco. Mas eu pergunto a você: quem corre o risco maior, quem faz ou quem não faz? Quem testa ou quem fica no lugar de espectador até ter todas as respostas e uma solução perfeita?

Líderes catalisadores aceitam a mudança como a melhor forma de aprender e se aperfeiçoar. Eles são capazes de compreender que não é possível desenhar empresas que estejam perfeitamente em linha com o nível de complexidade em que operam. Quando isso é ignorado, tem-se uma imposição estrutural que barra a evolução da própria organização.

Uma boa liderança não é narcisista. Ela entende que o seu papel é guiar e que liderar é cuidar das pessoas. Por vezes, líderes ficam presos a um mindset limitado e restrito, ocupando-se apenas com métricas e esquecendo-se do básico: de olhar para as pessoas que geram o resultado, de fazer a diferença no entorno em que atuam, conectando-se com a abundância que os seres humanos e o universo têm a oferecer.

Um líder autêntico e real consegue impactar de maneira positiva o ambiente à sua volta e não ser tomado pelo sentimento de culpa e pela necessidade de autoafirmação.

Precisamos superar nossas próprias expectativas e nos inspirarmos para nos tornarmos melhores.

O que garante que sua empresa estará viva daqui a dez anos? É o seu produto, seu serviço, seus processos, alguma patente ou é o seu concorrente que é fraco?

Talvez até sejam alguns desses fatores, mas o mundo está mudando tão rápido que é difícil garantir a longevidade da organização. Por isso, a inovação se torna uma competência essencial, assim como a capacidade organizacional de aprender, desaprender e reaprender, incentivada pela sua cultura organizacional, para gerar fontes de criação de valor sustentável para o negócio.

Uma proposta de valor diferenciada exige ousadia da liderança. É preciso fazer diferente e melhor para, assim, desenvolver uma visão ampliada e estratégica, trazer o futuro para o presente e alcançar novos objetivos.

A liderança deve ser instigada ao protagonismo, com uma mentalidade que busque entender primeiro o que a empresa quer que seja realizado para então procurar as ferramentas e os recursos necessários para fazer acontecer o que almejam, sem se limitar aos recursos disponíveis.

Os recursos devem estar à disposição dos objetivos, e não o contrário. Os gestores tradicionais que pensam na ordem contrária *O que temos?* (orçamento/recursos) e depois se perguntam *O que dá para fazer com isso?* estão subordinando os objetivos aos recursos e, com isso, limitando as possibilidades de crescimento estratégico para a organização, e esse comportamento pode ser letal. Cabe lembrar que as empresas morrem por duas grandes doenças: *ego* (arrogância) ou *miopia* (falta de visão estratégica).

Outra grande missão do líder é trazer todo mundo para perto, fazer com que todos os integrantes da organização sintam que estão jogando no mesmo time, com liberdade suficiente para expressarem opiniões, enfatizando o funcionamento do sistema e não somente dos indivíduos, mas sempre alinhados na visão comum. Alinhamento é convergência de propósitos; acordo é convergência de opiniões.

É claro que pode, e deve, haver desacordos, frutos de um ambiente que estimula e respeita opiniões diferentes no contexto organizacional, ao mesmo tempo que é preciso manter a coesão e o alinhamento organizacional, garantindo que as pessoas convirjam nas suas intencionalidades e nos seus propósitos e se comprometam com os objetivos coletivos desse grande time chamado empresa.

Como exercer a liderança catalisadora da inovação

Inovar é aprender, é a busca pelo que não se sabe. É ousar fazer diferente. Podemos pensar em uma série de empresas que são marcadas pela inovação. A Apple, por exemplo, não foi inovadora somente por criar o iPhone. A organização apresenta uma cultura organizacional que lhe permite buscar fazer sistematicamente algo diferente daquilo que já existia, aliada a um desenho organizacional horizontal que estimula o empoderamento das áreas funcionais.

E isso só ocorre porque a liderança dessa empresa é catalisadora dessa inovação. Steve Jobs exerce o papel de líder que incentivava os riscos em busca de oportunidades e retornos exponenciais. Ele costumava dizer que, na Apple, as discussões eram vencidas pelas melhores ideias, e não pela hierarquia.[52]

Um líder que catalisa a inovação é capaz de gerenciar o presente de uma empresa, enquanto estimula a busca de melhorias contínuas em seu funcionamento e na sua excelência operacional. Ele sabe analisar o que já se tornou obsoleto e o que pode contribuir para a criação de um amanhã com modelos de negócio que alavanquem o futuro desempenho econômico e financeiro da empresa.

Um líder inovador enxerga as organizações como organismos vivos, não cabendo mais no contexto do mundo BANI aquela visão mecânica que concebia as empresas como máquinas dentro das quais as pessoas eram consideradas recursos ou engrenagens. Dentro dessa visão orgânica, podemos nos inspirar no ser humano como organismo vivo: nosso corpo tem mecanismos de defesa chamados glóbulos brancos, que são importantes para impedir a entrada e a proliferação de micro-organismos que possam ser nocivos à nossa saúde.

Quando esses mecanismos de defesa detectam algo estranho no corpo, eles procedem imediatamente ao ataque. Só que, para eles agirem, há outro elemento importante nessa história: nosso DNA. Os glóbulos brancos sabem distinguir aquilo que é uma célula nossa, da nossa essência, daquilo que é um "corpo estranho", ou fonte de ameaça para nosso organismo.

---

[52] CAROLI, Paulo. [vídeo] Apple é uma grande StartUp. *Caroli.org*, 14 mar. 2018. Disponível em: https://www.caroli.org/video-apple-e--uma-grande-startup/. Acesso em: 7 jun. 2022.

Assim como acontece dentro do nosso corpo, os glóbulos brancos e o DNA são essenciais em uma organização. Precisamos ter clareza da nossa identidade, da nossa cultura e dos nossos valores, enfim, daquilo que nos distingue de outras organizações. Mas é preciso ficar atento ao papel dos glóbulos brancos organizacionais, como os define meu querido amigo Gustavo Caetano, fenômeno brasileiro do empreendedorismo.

Segundo ele, existem líderes que agem de forma semelhante aos glóbulos brancos em uma empresa, detectando toda e qualquer inovação como um risco e eliminando imediatamente todas as ideias novas. Com a premissa de que "sempre fizemos assim" e uma grande aversão ao risco, gestores com esse tipo de postura atacam diretamente o protagonismo, o propósito e a paixão das pessoas.[53]

Aqueles colaboradores que têm suas novas ideias sistematicamente barradas tendem a não querer mais contribuir com inovações na empresa. É claro que ideias novas apresentam riscos, mas também recompensas, e cabe ao líder saber analisar e compreender que a busca de um retorno maior está atrelada a um risco maior. Isso demanda uma boa gestão de riscos, que considere se a relação risco *versus* retorno é adequada para a estratégia organizacional.

Nesse contexto, é preciso entender o meio-termo entre não correr risco nenhum e correr todos os riscos. Cabe ao

---

[53] NASCIMENTO, José. Gustavo Caetano, fenômeno brasileiro do empreendedorismo e inovação lança "Pense Simples", *LinkedIn*, [S. l.], 24 fev. 2017. Disponível em: https://www.linkedin.com/pulse/gustavo-caetano-fen%C3%B4meno-brasileiro-do-e-inova%C3%A7%C3%A3o-lan%C3%A7a-nascimento/. Acesso em: 7 jun. 2022.

líder então entender quais riscos deseja gerenciar e administrar para começar a criar o futuro desejado para a empresa e fazer parte do movimento de inovação. Um dos motores da inovação é fazer diferente. Não existe perenidade sem novos aprendizados que permitam adaptar as ofertas da organização ao que é, de fato, demandado e valorizado pelo mercado.

A liderança, que é a catalisadora da inovação, tem papel fundamental nessa história e vai ser a responsável por fazer a inovação acontecer. As ideias inovadoras passam necessariamente pelo líder para serem implantadas. Sendo assim, é a postura dele perante essas inovações que fará com que elas sejam incentivadas ou barradas.

Portanto, o líder que promove a inovação precisa incentivar colaboradores que busquem trazer a inovação para dentro da empresa e fazer com que eles sejam parte integrante das estratégias. Ele deve ter uma postura semelhante à de uma cama elástica, impulsionando seus colaboradores a chegarem mais alto e atingirem novos patamares, mas também os acolhendo durante as inevitáveis quedas e erros, que não mais são do que frutos da experimentação. Até porque a ausência de erros é um sinal de pouca experimentação ou de um pensamento e uma atuação "dentro da caixa". Lembrando que não existe crescimento dentro da zona de conforto, assim como não existe conforto dentro da zona de crescimento.

Liderança não é um cargo, e sim um exercício consistente de coerência, de melhoria contínua, de coragem para fazer acontecer. O líder deve pensar e sonhar grande, no entanto sempre mantendo o pragmatismo e a conexão com a realidade. Criar o futuro e gerenciar o hoje, tendo simultaneamente a cabeça na lua e os pés no chão.

A liderança catalisadora anda de mãos dadas com o mindset convergente. Nele, o elemento da confiança é fundamental para criar um verdadeiro time que convide os colaboradores a participarem e a se sentirem importantes integrantes da empresa; mas, para que efetivamente sintam que eles próprios e suas ideias são realmente importantes para a organização, esta lhes deve proporcionar os recursos para tirar as ideias do papel e torná-las realidade.

Entretanto, é essencial que isso seja feito de forma verídica. Há empresas que criam um falso mindset de convergência e um espaço em que ouvem seus colaboradores sem escutarem de fato, ou então não fazem absolutamente nada com essas escutas, tentando minimizar ou desacreditar essas percepções ou convencê-los de que estão errados. Mas os colaboradores percebem isso.

Uma grande quantidade de empresas, por exemplo, aplicaram questionários aos funcionários durante o afrouxamento das regras da pandemia, a fim de saber se eles gostariam de continuar trabalhando home office. No entanto, posteriormente ignoraram a opinião deles, exigindo que voltassem ao cenário passado, no qual não existia nenhum tipo de flexibilidade nos sistemas de trabalho.

Portanto, é importante abrir o diálogo de verdade e analisar as ideias que as pessoas têm para propor, considerando-as fontes importantes para potencializar a inovação empresarial. É a famosa máxima de que muitas cabeças juntas pensam mais do que uma.

Afinal, os bons líderes promovem e inspiram por meio de suas ações, estimulando a organização como um todo a se mover em conjunto na cocriação de um futuro melhor.

CAPÍTULO 11

Humanizando a gestão: a liderança future-ready

*"Ou o mundo será de todos,
ou não será de ninguém."*
Gil Giardelli

> As organizações de hoje se deparam com uma clara necessidade de gerar valor de forma eficaz e eficiente, não apenas nos seus processos produtivos, mas também em todas as áreas da empresa.
>
> No quadro da crescente competitividade e globalização dos mercados, é estratégico para a empresa identificar e desenvolver vantagens competitivas sustentáveis ao longo do tempo que lhe permitam diferenciar-se dos seus concorrentes e alcançar posição de destaque no seu mercado de forma a atingir e, em seguida, manter o sucesso.
>
> Por sua vez, neste contexto de mudanças estruturais dinâmicas, aquelas que tradicionalmente funcionavam como vantagens estratégicas diferenciadoras, como ser um recurso tecnológico, ou uma técnica de produção inovadora, estão hoje facilmente acessíveis a todos os participantes do mercado, graças ao

enfraquecimento das barreiras estratégicas e a maior acessibilidade das informações e tecnologia em tempo hábil.

Diante desse cenário, para gerar vantagens competitivas sustentáveis ao longo do tempo, a organização deve dispor de recursos ou capacidades que atendam simultaneamente a quatro características: escassos, sem substitutos, difíceis de imitar e valorizados pelo mercado. E os únicos que atendem a essas características são os *recursos humanos*, apesar de considerar que os humanos não são recursos. De fato, talvez a única fonte de vantagem competitiva sustentável seja esse coletivo humano, esse jeito único de fazer as coisas, chamado de *cultura organizacional*.

Assim, a área de gestão de pessoas enfrenta um grande desafio: tornar-se um verdadeiro parceiro estratégico do negócio para alcançar uma organização de excelência, composta de membros que não só possuem as melhores competências técnicas, mas também assumem um verdadeiro compromisso emocional com ela.

A sua principal função como parceiro estratégico de negócios será conseguir identificar, atrair, desenvolver e engajar um grupo de pessoas com elevado potencial e que também se sintam motivadas a pertencer àquela organização. Ou seja, que *possam*, que *saibam* e que fundamentalmente *queiram* assumir um compromisso com o propósito e a estratégia organizacional, e busquem atingir e superar os objetivos organizacionais. Desta forma, a organização poderá competir e diferenciar-se através deste fator crítico: as suas pessoas e a sua cultura organizacional.

Como resultado dessas e de outras forças, as organizações deste século devem ser caracterizadas por um novo modelo de gestão. Para que os gerentes

> sejam bem-sucedidos, eles precisarão ser menos arbitrários, mais envolvidos no que está acontecendo no "campo de batalha", mais abertos aos clientes e aos colaboradores, e mais orientados para a ação e a implementação ágil da estratégia do que ao mero planejamento ou controle.
>
> O papel do gestor moderno é criar um sistema de tomada de decisão de acordo com a estratégia do negócio e a cultura organizacional, e então focar em orientá-lo... e a visão deve partir das pessoas. Para fazer isso, eles devem aprender a criar um ambiente de trabalho em que os indivíduos possam trazer plenamente sua essência e seu lugar de potência, que eles aprendam, cresçam, se desenvolvam, contribuam e alcancem a excelência, tanto pessoal quanto organizacional.

O texto em destaque é a introdução ao meu trabalho final de carreira, feito no ano de 2002, na minha formação de grau em Ciências Empresariais, intitulado "A ação diretiva (gerencial) e sua influência na motivação – aplicação da teoria antropológica em uma siderúrgica". O curioso é que, duas décadas depois, a mensagem-chave ainda continua vigente.

Se há uma mensagem que deve sobressair após a leitura deste livro é a importância das pessoas para as organizações, assim como o contrário. É uma relação simbiótica que pode se tornar um movimento de círculos virtuosos, à medida que o crescimento individual alavanque o coletivo, e vice-versa.

Olhando para trás, inúmeros têm sido os avanços alavancados pelas tecnologias e promovidos por pessoas que, incomodadas com a situação do momento, se prepararam, se dispuseram a desafiar o *status quo* e abriram caminhos para novos olhares, novos níveis de consciência e responsabilidade, se tornando agentes de transformação.

Em um mundo em que, apesar de desigual, existe mais facilidade de acesso a itens que garantem a sobrevivência – por exemplo, alimentos, medicamentos etc. –, as pessoas passaram a se preocupar com outros bens de consumo e a colocar a importância das experiências enquanto consumidores em primeiro lugar. Quando a oferta é muito grande, passamos a querer entender melhor de quem e por que estamos comprando. Procuramos experiências de compra que nos proporcionem a rapidez das máquinas e a sensibilidade do ser humano, que sejam, simultaneamente, high-tech e high-touch.

Essas mudanças trazem consigo novas formas de trabalho e de consumo, novos valores a serem ponderados e, também, impactos negativos, como a mudança climática, que vem aumentando a preocupação e ampliando a conscientização das pessoas com o mundo que vamos deixar para as futuras gerações.

Após a Quarta Revolução Industrial, que surgiu com o advento das novas tecnologias digitais, estamos agora diante da emergência de uma nova revolução, que podemos chamar de "Humanos 5.0", pois ela está trazendo para o centro dos olhares as pessoas e o bem-estar humano. É certo que ainda existem realidades em que melhores condições de trabalho continuam a ser exigidas, com críticas severas aos longos turnos de trabalho e aos baixos salários. As pessoas já vinham procurando uma maior participação nos processos do negócio e um entendimento mais claro das ações da empresa para o mundo em que viviam há um bom tempo.

Com a indústria 4.0, surgiu uma era em que a experiência do cliente começou a ser colocada em primeiro lugar. Logo em seguida percebeu-se, entretanto, que esse não poderia ser o único foco. De que adiantaria uma empresa que trata bem seus clientes, mas não faz o mesmo com os colaboradores? Afinal, são eles que têm como missão oferecer essa experiência incrível aos clientes, e dificilmente conseguirão fazer isso se a própria experiência com a organização não for também engajadora e satisfatória.

Novas habilidades passam a ser valorizadas, como a criatividade, a imaginação, a intuição, a emoção e a ética, inerentes aos seres humanos e impossíveis de serem copiadas pelas máquinas. Com isso, a humanização dos processos de negócios se torna ainda mais urgente. Uma gestão que não traga mais oportunidades e não garanta a participação da comunidade, dos clientes e dos colaboradores recebe menos atenção, já que, se todos estão envolvidos no processo de produção e de consumo, todos devem ter a mesma oportunidade de falar e contribuir.

O propósito surge como o grande vetor de conexão entre o valor gerado para os clientes, a sociedade, os colaboradores e os investidores, visto que uma empresa que tenha um propósito claro e se alinhe genuinamente com causas que afetam a humanidade tem mais oportunidade de ganhar maior destaque em relação aos seus competidores.

A humanização dos processos implica também a humanização da gestão. As lideranças precisam ensinar pelo exemplo, não pela ordem. A gestão vertical de pessoas, conhecida como aquele estilo de "comando e controle" de outrora, cedeu lugar à distribuição horizontal do trabalho. Todos aqueles que fazem parte de uma organização devem se sentir livres para ser quem são, para colaborar com ela e fazer, assim, com que ela seja melhor para o futuro.

Olhando para esse lugar, a reflexão que nos cabe, então, é a seguinte:

> O que garante a longevidade da sua empresa?

O que garante que a sua empresa vai estar viva daqui a alguns anos, gerando lucro, ótimos empregos, retorno para os acionistas, favorecendo o planeta e sendo uma organização que a sociedade queira que exista?

É o seu produto, seu serviço, alguma tecnologia ou patente? É o seu concorrente que é fraco? A sua entrega? Algum outro fator? Talvez até sejam, mas vivemos em um mundo de mudanças constantes, cuja velocidade só tende a aumentar, e o que nos permitiu chegar até aqui provavelmente não será o mesmo que nos permitirá chegar até onde queremos, ou seja, o futuro.

Bem sabemos que as organizações querem e precisam ter lucro, mas empresas que não promovam uma reconciliação entre seu crescimento econômico e a resolução de problemas sociais, gerando impacto positivo na sociedade em que estão inseridas, estão fadadas ao fracasso. É só questão de tempo.

Enquanto as pessoas têm buscado se conscientizar cada vez mais do impacto que suas atividades e as das organizações têm no mundo, é essencial que as empresas entendam que precisam voltar os olhos para o bem-estar humano e contribuir para uma sociedade mais plural, inclusiva e próspera para todos. Esse papel não está somente nas mãos das lideranças políticas, mas também nas das empresas.

A solução de grandes dores da humanidade é responsabilidade de todos. Assim, é fundamental reposicionar as tecnologias em benefício da humanidade e contribuir para uma liderança humanizada.

Esse entendimento exige a adaptação dos processos de produção e das estratégias empresariais às necessidades de *todas* as pessoas envolvidas, entendendo que o ser humano está no centro da inovação e da geração de valor para o negócio, independentemente do tamanho da organização ou do setor do mercado em que ela atue.

Isso não quer dizer que uma empresa não possa mais crescer, mas sim que deve fazê-lo de forma sustentável. O discernimento entre sustentabilidade e sustentável é essencial. A empresa deve ser sustentável em sua essência, fazendo desse um de seus pilares de produção e de gestão, gerando o bem-estar e promovendo a satisfação de clientes, comunidades, colaboradores e investidores. Assim, os modelos de desenvolvimento das empresas devem contar também com o bem-estar da humanidade e a preservação ambiental em seus paradigmas e em suas premissas estratégicas. É preciso crescer com valores para poder se desenvolver de forma sustentável.

Como será o futuro?

Ao longo da história, o ser humano sempre tentou adivinhar como seria o amanhã, já que o futuro sempre foi e provavelmente será um questionamento vivo. Quando olhamos para as tentativas da humanidade de predizer como ele seria, encontramos exemplos curiosos que evidenciam que a nossa realidade atual poderia ter as mais diversas formas.

Agora, como é criado o futuro? Uma parcela dele o é a partir da melhoria daquilo que já existe, e outra parte surge em função da criação de algo totalmente novo. Independentemente, uma coisa é certa: o futuro é criado por pessoas que fazem com que ele aconteça. Quando pensamos em organizações que sejam mais future-ready, ou seja, mais prontas para o futuro, estamos convidando à liderança, a buscar esse caminho de conectar a performance de hoje com o crescimento de amanhã, unindo rentabilidade com sustentabilidade.

Em meio a tantas transformações, como não abrir espaço para uma evolução pensada, estruturada e estratégica, que permita à organização, de fato, desenhar possíveis futuros e trabalhar ativamente para fazê-los acontecer? Mais do que nunca, é preciso parar e observar. Entender o que já funciona bem e lançar luz sobre aquilo que precisa ser diferente.

Toda empresa tem a capacidade de se tornar protagonista de algo novo. Uma organização que é eficiente em fidelizar também seus colaboradores conta com uma força produtiva com maior engajamento e alto índice de colaboração. Quando os propósitos dos colaboradores estão alinhados com os da organização, ela se permite crescer mais. É aqui então que entra o conceito de liderança ambidestra.

A palavra ambidestro, cuja origem vem do latim (*ambi* significa "ambos", e *dext*, "certo"), é entendida como a capacidade de ser igualmente habilidoso com ambos os lados do corpo.

Aplicada à liderança, a definição de ambidestrismo é a capacidade de gerenciar, simultaneamente, a performance de hoje com a criação do amanhã.

A liderança ambidestra tem a capacidade de buscar novas formas de fazer as coisas, tendo como foco a evolução contínua. Ela cria uma relação entre suas atitudes e seus pensamentos inovadores, direcionando os colaboradores para o futuro, enquanto ainda mantém também o olhar no presente. Eis aí a ambidestria, a capacidade de olhar para dois mundos diferentes e criar a correlação entre eles.

Essa abordagem para a liderança busca oferecer às empresas a capacidade de otimizar seus resultados, gerenciando suas operações de forma eficiente e, ao mesmo tempo, abrindo espaço para o novo, que precisa ser descoberto e inaugurado dentro da organização com o objetivo de manter sua proposta de valor relevante para os mais diversos stakeholders, enriquecendo suas ofertas de valor, ampliando sua atuação em novos mercados e enriquecendo a fonte de oportunidades e de rentabilidade para a organização. O negócio consegue gerir o presente enquanto busca por inovações e analisa as tendências de futuro, de forma sistemática e contínua.

Esse líder não está parado no presente, agindo somente com as ferramentas que tem agora e cuidando apenas de "bater metas". Ele procura o equilíbrio entre atingir os resultados esperados no dia a dia, desenvolver melhorias na operação e também verificar as tendências vindouras para entender como elas podem ser aplicadas na organização. É o equilíbrio entre as questões operacionais e a inovação.

Lembrando que a inovação não se decreta. O único mecanismo que a incentiva é a criação de um ambiente que favoreça a experimentação, que estimule a curiosidade, a busca do não saber e a assunção de riscos calculados. O líder ambidestro é capaz de gerir projetos e equipes de forma eficiente e criativa, contribuindo, assim, para um ambiente de constante inovação. Você deve se lembrar de que, no capítulo sobre liderança, falamos sobre a capacidade que um líder deve ter de servir de inspiração com seus atos.

Em um ambiente em que as inovações são incentivadas, as ideias de colaboradores são ouvidas e levadas em consideração e há maior liberdade de colaboração nos processos, associada ao compartilhamento de princípios entre colaboradores e organização, tem-se maior crescimento de forma perene. Esse líder valoriza a aprendizagem e a comunicação, colocando-as como pilares das relações dentro da empresa. É o equilíbrio entre visão, inovação e execução.

Para tal, é importante conhecer e assumir nossas fragilidades, e isso vale especialmente para aqueles que estão em um cargo de gestão. Ao incentivarmos maior abertura à vulnerabilidade, abrimos portas para que as pessoas possam ser elas mesmas, agindo com o coração e trazendo contribuições inimagináveis para a criatividade, a empatia e o senso de pertencimento.

Liderar traz implícita a missão da iniciativa, a coragem de dar o primeiro passo e assumir os riscos para defender aquilo em que acreditamos. E, para tal, é preciso entender que liderar é cuidar das pessoas. Não podemos nos prender a um mindset limitado que leve em consideração apenas métricas curto-prazistas e, assim, nos esquecermos do básico. Temos que fazer a diferença no ambiente em que atuamos, nos conectando com a abundância que os seres humanos e o universo têm a nos oferecer.

Para entregarmos uma proposta de valor diferenciada, é preciso ousadia. É preciso fazer diferente e melhor, para assim desenvolver uma visão ampliada e estratégica, trazer o futuro para o presente e alcançar nossos objetivos.

A verdade é que estamos permanentemente suscetíveis à mudança. A grande questão é se vamos passar por ela por necessidade ou por paixão. Em meio a tantas transformações, podem aparecer oportunidades que só conseguiremos aproveitar se estivermos em uma constante busca pela evolução e abertos ao novo.

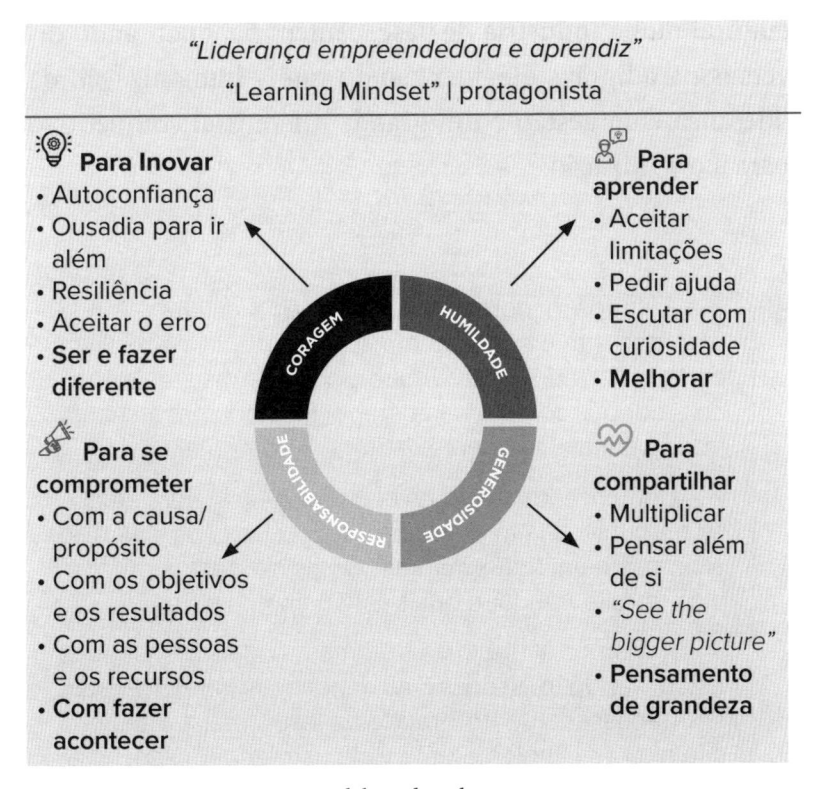

"Liderança empreendedora e aprendiz"
"Learning Mindset" | protagonista

Para Inovar
- Autoconfiança
- Ousadia para ir além
- Resiliência
- Aceitar o erro
- Ser e fazer diferente

Para aprender
- Aceitar limitações
- Pedir ajuda
- Escutar com curiosidade
- Melhorar

Para se comprometer
- Com a causa/propósito
- Com os objetivos e os resultados
- Com as pessoas e os recursos
- Com fazer acontecer

Para compartilhar
- Multiplicar
- Pensar além de si
- "See the bigger picture"
- Pensamento de grandeza

CORAGEM | HUMILDADE | RESPONSABILIDADE | GENEROSIDADE

Fonte: elaborada pela autora.

Com nossas atitudes hoje, inspirando cada um a expressar seus valores, suas ideias e todo o seu potencial, podemos criar juntos soluções mais inovadoras para resolver os desafios do amanhã, além de construir ambientes mais saudáveis para as próximas gerações. Nossas habilidades humanas são nossos maiores diferenciais. Intuição, criatividade, integridade, empatia e imaginação são qualidades que as máquinas não conseguem copiar. Esse é o nosso grande lugar de potência. E a potência coletiva de um time de pessoas é a cultura organizacional.

Para quem está iniciando a evolução cultural em uma empresa, compartilho aqui sete aprendizados de quem vem liderando há vários anos um processo contínuo de evolução cultural numa indústria de base, centenária, quebrando diversos paradigmas e evidenciando que a humanização da liderança e da gestão é um grande diferencial competitivo para a organização:

> 1 – Entenda o porquê de trabalhar a cultura – cada empresa tem o seu jeito e a sua estratégia. Não existe certo ou errado, e sim o que pode ser mais estratégico e adequado para o seu negócio. Trabalhar a cultura pode ser uma excelente vantagem competitiva.
>
> 2 – Compreenda todos os elementos da cultura atual – se pergunte: o jeito de fazermos as coisas nos levam ao alcance de ambições futuras? Quais elementos precisamos revisitar/mudar e quais já são pontos fortes?
>
> 3 – Revise os símbolos e sistemas – quais mensagens estão sendo passadas? As mudanças não precisam ser necessariamente grandes e estruturais; a maioria são ajustes simples e de baixo custo econômico.

4 – Se preocupe com o comportamento das pessoas – o que não deve mais ser tolerado? O que deve agora ser encorajado ou desencorajado? É importante trazer para o movimento pessoas que estejam dispostas a ver a mudança em si e serem exemplos de comportamentos "desejáveis" para a organização. A transformação para ser real deve ser de dentro para fora. A única forma de conduzir uma mudança organizacional é incentivar, em primeiro lugar, a progressão individual.

5 – Comece pelas lideranças – sabemos que a jornada de evolução cultural é uma receita complexa, com vários ingredientes, sendo a liderança o principal deles. Incentive os líderes a serem protagonistas da mudança e a se tornarem exemplos para o time. A liderança não está necessariamente ligada à estrutura organizacional, e sim a uma maneira de se comportar em grupo, de influenciar e estimular a participação para que todos entreguem suas contribuições de forma consistente ao longo do tempo. O papel do líder, ao exercitar, vivenciar e demonstrar os novos comportamentos, é essencial para que a nova cultura se consolide.

6 – Defina prioridades – lembre-se de que não conseguimos abraçar o mundo. É impossível atacar todas as dores de uma vez só. Escolha prioridades e comece com pequenos passos.

7 – Considere esse um caminho infinito – a evolução cultural não é um destino, mas uma jornada sem fim. Certifique-se de que a empresa entende isso e defina alguns marcos para avaliar como está indo a sua jornada.

É preciso aprender o poder de transformar uma cultura para sermos melhores. A paixão e o entusiasmo pela mudança consistem em um exercício individual, interno e duradouro, especialmente quando se acredita no poder transformador da liderança e ela se dispõe a ser instrumento genuíno de transformação, começando pela própria.

Requer aprender sobre automotivação, mentalidade de aprendiz, humildade, resiliência, disciplina e simplicidade, além de uma forte conexão com um propósito maior. Para influenciar os outros, devemos primeiro aprender como fazer isso em nós mesmos. Como todas as transformações: começa comigo e continua conosco.

Essas reflexões finais não pretendem ser absolutas e conclusivas, mas convidativas para que a jornada de aprendizagem não pare por aqui, que os caminhos e as mentes que se abrirem e/ou se fortalecerem durante e após esta leitura se mantenham abertos, como um exercício de evolução, aprendizagem, desaprendizagem e reaprendizagem contínua e compartilhada, e para que sejam escritos novos capítulos dessa jornada.

Enfim, é hora de somarmos as diferenças e construirmos ambientes mais autênticos, plurais e colaborativos, que serão a base mais genuína e efetiva para negócios mais prósperos e sustentáveis. De todas as minhas dúvidas e inquietações, uma coisa é certa: o futuro não é fruto do acaso, ele pertence àqueles que o fazem acontecer.

O convite está feito: a escolha é sua.

Referências adicionais

BROWN, Brené. *A coragem de ser imperfeito*: como aceitar a própria vulnerabilidade, vencer a vergonha e ousar ser quem você é. Rio de Janeiro: Sextante, 2016.

CAETANO, Gustavo. *Pense simples*: você só precisa dar o primeiro passo para ter um negócio ágil e inovador. São Paulo: Gente, 2017.

DENNING, Stephen. *The Age of Agile*: How Smart Companies are Transforming the Way Work Gets Done. Nova York: Amacom, 2018.

DWECK, Carol. *Mindset*: a nova psicologia do sucesso. São Paulo: Objetiva, 2017.

GOVINDARAJAN, Vijay. *A estratégia das 3 caixas*: um modelo para fazer a inovação acontecer. São Paulo: HSM Editora, 2016.

MCKEOWN, Greg. *Essencialismo*: a disciplinada busca por menos. Rio de Janeiro: Sextante, 2015.

SINEK, Simon. *Comece pelo porquê*: como grandes líderes inspiram pessoas e equipes a agir. Rio de Janeiro: Sextante, 2018.

TAYLOR, Carolyn. *Walking the Talk*: Building a Culture for Success (Revised Edition). London: Cornerstone, 2015.

Agradecimentos

À minha mãe, Adriana, que me inspira com seu exemplo de vida; que desde cedo me incentivou o amor pelo conhecimento e pelo desenvolvimento humano e que até hoje dedica sua vida à formação de lideranças. "Competir é transcender", ela diz no começo do livro *Negócios com Valor*. Hoje me permito complementar: competitividade consciente é a melhor forma de transcender.

Ao Marcelo, meu esposo, pela parceria e admiração mútua; por sempre me estimular a tirar do papel meus sonhos e projetos; por ser um pai presente e amoroso, com quem construí uma bela família, que é o nosso maior alicerce e a maior conquista de nossas vidas.

A Emma e Sara, minhas filhas e grandes mestres. Obrigada, minhas "caçadoras de incoerências", que, com seus questionamentos curiosos e puros, me ajudam a manter meu "modo aprendiz" ativo e me desafiam a manter a busca contínua para me tornar uma pessoa e mãe melhor a cada dia.

Ao meu pai, Miguel, pelo seu exemplo de dedicação, esforço, superação e reinvenção constante.

Aos meus irmãos, Juan Manuel e Florencia, que me inspiram por serem referências em suas áreas de atuação e, especialmente, por serem grandes seres humanos.

Aos meus queridíssimos cunhados e aos meus amados sobrinhos.

À memória dos meus amados avós.

Às minhas queridas amigas.

Ao Jefferson De Paula e ao timaço da ArcelorMittal, com quem tenho aprendido tanto ao longo dessas duas décadas juntos.

Ao Diego Trávez, por acreditar em mim e me incentivar a compartilhar meu conhecimento.

A Clarissa Melo, Mariana Gomes, Carol Candido e a todo o time editorial da Planeta.

Ao Bernardo Rezende, por ser um grande exemplo para mim – e, ouso dizer, para milhares de pessoas – da autêntica liderança que vive a competitividade consciente nos negócios e no esporte, com humildade para aprender, generosidade para compartilhar, responsabilidade para se comprometer e coragem para inovar e ir além.

A todas as lideranças conscientes que estão lendo esta obra.

Estamos juntos nessa jornada!

**Acreditamos
nos livros**

Este livro foi composto em Minion Pro e impresso pela Geográfica para a Editora Planeta do Brasil em outubro de 2022.